"What a woman, what story will delight plenty of readers." Kalthoum Bornaz, Tunisian film director, "The Other Half of the Sky"

"¡Qué mujer, qué ser humano, qué historia de vida! La historia de Katrina deleitará a muchos lectores". Kalthoum Bornaz, director del filme tunecino, "The Other Half of the Sky"

✦

"Fascinating history, the life of a woman on three continents. Beautifully related by her granddaughter." Dr. Martha Díaz de Kuri, author, *De Líbano a México: Crónica de un pueblo emigrante*

"Fascinante historia vivida por una mujer en tres continentes. Bellamente relatada por su nieta". Dra. Martha Diaz de Kuri, autora, *De Líbano a México: Crónica de un pueblo emigrante*

✦

"An incredibly human testimony that can enrich many people's histories." Patricia Jacobs Barquet, Mexican researcher

"Un increíble testimonio humano que puede enriquecer las historias personales de mucha gente". Patricia Jacobs Barquet, investigadora mexicana

✦

Meeting you is like meeting my younger self...

Katrina in Five Worlds
A Palestinian Woman's Story

Kathy Kenny ♡

Katrina en Cinco Mundos
Historia de una Mujer Palestina

KATHY SAADE KENNY
Five Worlds Press

© *All Rights Reserved Kathy Saade Kenny* 2010
Third Edition

© *Todos Los Derechos Reservados Kathy Saade Kenny* 2010
Tercera Edición

www.KatrinaInFiveWorlds.com

Dedication
Dedicatoria

In memory of my mother,
Julia Kabande Kenny,
who stayed connected to her roots
and gave her two daughters
wings.

A la memoria de mi madre,
Julia Kabande Kenny,
quien permaneció ligada
a sus raíces y dio alas a
sus dos hijas.

There are only two lasting bequests we can hope to give our children.
One of these is roots, the other, wings.
– Hodding Carter

Sólo hay dos legados duraderos que podemos esperar transmitir a nuestros hijos.
Uno de ellos son raíces, el otro, alas.
- Hodding Carter

Katrina's Journeys
Los Viajes de Katrina

1900	Born in Bethlehem, Palestine (Ottoman Empire)
1906	Bethlehem, Palestine (via Haifa, Palestine and Cyprus) to Kiev, Russian Empire Ship to Istanbul, Odessa, Train to Kiev
1912	Kiev to Bethlehem (reverse of above)
1914	Bethlehem to Saltillo, Coahuila Mexico
	Haifa to Marseilles France then Tampico Mexico by ship
	Tampico Mexico to San Pedro de Las Colonias, Coahuila, Mexico (via Saltillo) by train
1919	San Pedro to Long Beach, California by train (through Los Angeles)
1921	Los Angeles, California to Hermosillo, Mexico by train
1923	Hermosillo, Mexico (via Mesa, Arizona) to Los Angeles by train
1929	Los Angeles to Jerome Arizona (transportation unknown, probably car)
1931	Jerome, Arizona to Long Beach (transportation unknown, probably car)
1933	Los Angeles to New York by train
	New York to Haifa by ship (via Marseilles)
1933-34	Ramallah, Palestine
1934	Beirut to New York via France by ship
	New York to San Francisco by train
1935	Round trip San Francisco to New York by train
1938-39	San Francisco to Long Beach by car
1989	Death in Long Beach, California

Sa'ade Family Tree
Árbol de la familia Sa'ade

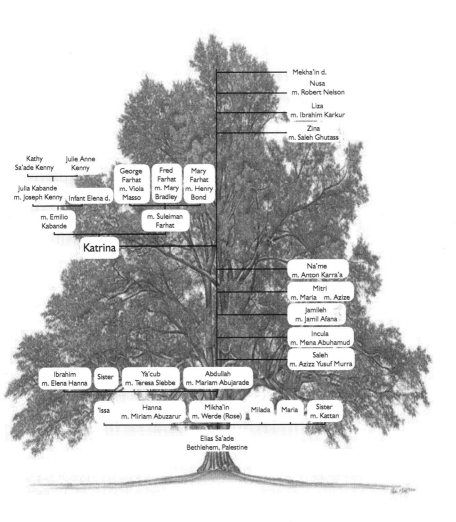

Table of Contents

Foreword and Acknowledgments 11

Katrina's Worlds 15

The Sa'ade Family in late-Ottoman Bethlehem 17

Katrina's Childhood in Tzarist Russia 21

Marriage and Loss in Revolutionary Mexico 25

California in the 20's and the Great Depression 33

Return to Palestine 41

Independent Life in California 57

About the Author 115

Foreword and Acknowledgements

I have always been enchanted with my Palestinian grandmother's story. Growing up with her in Southern California, I loved hearing tales of her childhood in Bethlehem, her life in Russia as a young girl, her marriage to my grandfather in northern Mexico, her brief and fateful return to Palestine as a young mother, and her life in California.

My grandmother was at the center of our immediate family and, along with my mother, the most important influence on my own identity. I am her namesake and her oldest grandchild. She taught me core values: the centrality of family, appreciation of my heritage, and an abiding curiosity about people and cultures in the wider world.

In 2003, while going through boxes of family mementos after my mother's death, I discovered a box of letters and an album of old family pictures that once belonged to my grandmother. Inside a crumbling See's candy box were more than 130 letters in Arabic as well as notes and documents that my grandmother had put there sixty years before. Since I neither read nor write Arabic, I could only guess what they contained, and scarcely realized the treasure I had stumbled onto. Remarkably, she had managed to assemble this correspondence, which painted a dramatic picture of what was undoubtedly a traumatic period in her life. With gripping language in archaic dialect, the letters breathe life into the story of the demise of her second marriage, and the economic, social and gender divides that culminated in the tragic breakup of her family.

At about the same time that I found the box of letters, my uncle Henry Bond was writing his own family history, and had gathered considerable genealogical research, family stories and audio recordings of interviews with my grandmother towards the end of her life. In 2003 and 2004, after discovering the letters, I made several trips to Mexico where I was able to interview family members and visit some of the places my grandmother knew, including the home in San Pedro de las Colonias where my mother was born, and my grandfather's gravesite in Saltillo. More recently, with help of Professor Salim Tamari, who translated nearly all of the letters, I have come to know my grandmother more fully, and have understood that hers is a tale worth telling beyond our extended family. It is also part of the chronicle of a generation of immigrants in the tumultuous early 20th century who crisscrossed oceans, took risks, suffered poverty, endured wars and revolutions to build a better life for their children and families. For me and other descendants of Arab immigrants in the Americas, these stories are a source of pride, identity and inspiration. I could not be more grateful.

I am also indebted to many family and friends who encouraged my work, shared stories and insights, and helped me along the way, including my husband David Bracker, my sister Julie Kenny Drezner, Mary and Henry Bond, Fred and Mary Farhat, George Farhat, Elias and Florence Karraa, Mary Saadeh, Remon Karraa, Lilian Karraa, Afif Kabande, Teri Camacho de Kabande, the Dabdoub family, the Marcos family, Karim Saade, Salim Tamari, George Zoughbi, Frank Giffra, John Samaha, Judith Berlowitz, Karen Caronna, Lily Asfour, Nadia Kamel, Marty Doyle Carrara, Nadia Kattan Seikaly, Jalal Farhat, Shawn Marshall, Judith Brown, Camila Pastor, Martha Diaz de Kuri, Jim Horan, Jason Heard, Patricia Jacobs Barquet and Patrice Wynne.

The original essay(s) in this book were published in two international journals:

Jerusalem Quarterly, Institute for Jerusalem Studies, Vol. 35, Autumn, 2008 under the title "The Power of Place: Katrina in Five Worlds."

Istor, Revista de Historia Internacional, Centro de Investigación y Docencia Económicas (CIDE), Vol. 40, Spring, 2010, under the title: 'El poder del lugar: Katrina en cinco mundos." Spanish translation by Paula Blanco and Judith Berlowitz

I hope you enjoy Katrina's story, and if something touches or inspires you, I invite you to contact me at Kathy@katrinainfiveworlds.com

Kathy Saade Kenny
Oakland, California USA
October, 2010

Katrina's Worlds

Katrina Sa'ade, Mexico, circa 1916. Personal collection of the author.

Katrina Sa'ade, or Katherine as she was known in America, was born in Bethlehem Palestine in 1900 on the cusp of a new century. Her life unfolded on a parallel course with five important historical epochs. She witnessed the end of the Ottoman Empire in Palestine, the collapse of Tsarist Russia, the Mexican Revolution, the Great Depression in the United States, and colonial life in Mandate Palestine before finally settling in suburban southern California. In these far-flung places she found new homes, faced difficult personal challenges, overcame cultural constrictions, and lived through devastating political upheaval, all of which helped shape her into an independent woman.

The Sa'ade Family in late-Ottoman Bethlehem

Bethlehem, 1900. Library of Congress USA.

The Sa'ade family has lived in Bethlehem for many generations. To my knowledge, the earliest known Sa'ade was my great, great, great grandfather Elias Sa'ade, who had five children[1]. His son Mikha'in (Michael) was the first president of Bethlehem's local council in 1876. Mikha'in married Wardeh (Rose) and had three sons, Ibrahim, Yacoub and Abdullah.

Katrina Sa'ade was one of nine surviving children of Abdullah Mikha'in Sa'ade and Miriam Elias Abu Jaradeh of Bethlehem. At the turn of the 20th century, Bethlehem was a Christian town where the chief economic activity was related to its importance as a religious and pilgrimage site. The Sa'ade family, like many other inhabitants of Bethlehem, made their living through the manufacture and sale of religious articles of mother of pearl and olive wood. According to Katrina's son-in law Henry Bond, "*The majority of the Sa'ade ancestors were said to be tradesmen. It was not uncommon for them to have a store on the ground floor and have their living quarters above their store. The children in the family learned their trade by working in the store at an early age*[2]."

The two-family stone house where Katrina was born is still owned and lived in by descendents of the Sa'ade family. It is located in the Farahiyya Quarter[3], a few blocks uphill from Manger Square and the Nativity Church. Details of Katrina's early life in Bethlehem are obscure; the stories I remember were mostly about her antics as small girl, hiding from the nuns in the French school in Bethlehem. She left Bethlehem when she was only six years old and never lived there permanently again. This first migration was one of many in her lifetime, and for Katrina, the beginning of a pattern that forever altered her concept of 'home'.

---

[1] 'Issa, Hanna, Mikha'in, Milada and Maria.
[2] Henry E. Bond gathered considerable genealogical research, family stories and audio recordings of Katrina. Many of the quotes in this essay are from his family history, *Bond, Farhat and Related Families*, 2006, unpublished.
[3] One of Bethlehem's seven clan quarters. Under Ottoman rule, each quarter chose its Mukhtar, or selectman, whose duties were both social and official. The Local Council consisted of the Mukhtars of each of the seven quarters. It was later transformed into the Municipal Council.

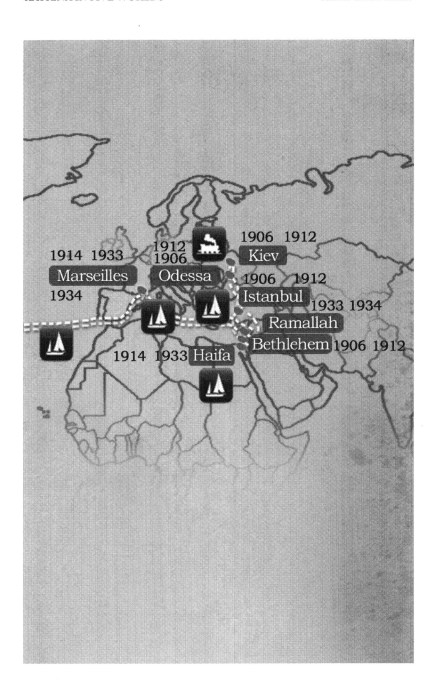

Katrina's Childhood in Tsarist Russia

The Sa'ades in Russia, circa 1913. Katrina is in the center of the bottom row. Her parents Abdullah and Miriam are seated behind her. Personal collection of the author.

As the Ottoman Empire crumbled and economic conditions in Palestine deteriorated, many Bethlehemites ventured abroad to seek their fortunes. Sometime before 1905 Abdullah Sa'ade, his brother Yacoub and his cousin Ibrahim immigrated to Kiev in Imperial Russia [4], where the Tsar's strong support for the Orthodox Church ensured a large market for religious articles from the Holy Land.

The Sa'ades chose Kiev because it was a Christian center of the Russian Empire and offered economic opportunities unavailable in Palestine. When they arrived, other Bethlehemites were already living there, including Elias Kattan, an enterprising Catholic merchant who opened his first store in Kiev in 1882 and parlayed his friendship with the Orthodox Archbishop of Kiev into a large business supplying incense from Singapore and Yemen to churches throughout the entire Ukraine.

Abdullah opened his own businesses in Kiev, selling Christian religious items and Bethlehem-made olive wood and mother of pearl crafts, among other things. His brother Yacoub had a retail store that sold religious articles to churches and monasteries – rosaries, icons, incense and oregano oil[5]. They brought these items from Bethlehem, Jerusalem, and Mt. Athos (Greece).

---

[4] In 1906, Kiev was part of the Russian Empire, ruled by Tsar Nicholas II (1868-1917). It served as the Empire's primary Christian center, attracting many Christian Orthodox pilgrims. Kiev is now the capital of the Ukraine.

[5] The oregano oil extract was popular with Russians in their tea in cold weather.

These families moved back and forth between Kiev and Palestine with surprising frequency, traveling by ship from Haifa or Jaffa to Istanbul, then to Odessa on the Black Sea and overnight train to Kiev. Some families had businesses in both places. Yacoub Sa'ade, for example, also had a souvenir business in Jerusalem. His sons Elias and George would alternate staying in Kiev and Palestine for months at a time. When they returned on vacation or for business, they brought samovars and other gifts from Russia, some of which their descendents still have today.

When Katrina was six, Abdullah brought the rest of the family to Kiev, where they prospered, grew and lived in relative luxury. These were happy times for Katrina and her family. I remember her tales of the boat trip from Palestine to Odessa, ice-skating in the winter, the beautiful clothes she wore and the servants they had. Katrina and her siblings enrolled in school where they learned to read and write Russian, and they spent their summers at a beach house. Katrina reminisced about her childhood many years later, speaking to her daughter Mary (Farhat) Bond in audiotapes made in 1975 and 1978. *"We used to have a house for the summertime, close to the beach. It was a big, nice house... we enjoy it very much. But in the wintertime we have someone to stay there, take care of it for us, and keep the place in order. ... we went ice-skating almost every Sunday. When you are skating, if the person don't know how to skate they have a chair with wheels for them to sit on. They would skate behind the chair to support them. This way they would learn how to skate. Then in a little while they would go without the chair. I did all right in a little while."*

This idyllic life was cut short by the chaos that preceded the Russian Revolution, which began about 1905 and lasted until 1917 when Tsar Nicolas II was overthrown. Most of the Sa'ade family fled Kiev and returned to Palestine before 1914. There is a much repeated family story about Abdullah returning to Palestine carrying a trunk full of Russian money which was worthless by the time they arrived in Bethlehem. Katrina also spoke in the audiotapes about escaping Kiev. "*There were a lot of problems. They started killing people. My family went to a priest who made some papers to allow them to escape. They had a lot of money – paper money. They were hoping that the money would regain its value, but they lost every cent.*"

Katrina described their sudden poverty and the economic conditions they encountered in Palestine in the last days of the Ottoman Empire. "*When we returned to Palestine, we had a hard time surviving. My father had a lot of land. He was forced to sell to provide for the family. There were a lot of mouths to feed. The land helped them survive.*"

Marriage and Loss in Revolutionary Mexico

Katrina Sa'ade and Emilio Kabande, 1914. Personal collection of the author.

Within months of her homecoming, Katrina's parents arranged for her marriage to [Jamil] Emilio Demetrio Kabande, the second son of another Bethlehem family which had immigrated to Mexico earlier in the decade.

Emilio Kabande, date unknown.
Personal collection of the author.

Arranged marriages were common practice in Bethlehem at the time and were often used to strengthen economic ties between merchant families as well as a possible solution for 'too many mouths to feed.' Katrina explained the practice in one of the audiotapes: "*In Palestine then…the boy's parents [would] come to the mother of the girl and asks for the boy and girl to be married.*" According to Henry Bond, "*Katrina's parents and Emilios's parents (maybe just their mothers) had made an agreement that Emilio would marry one of the Sa'ade daughters while both families were still in Bethlehem. Katrina told us that Emilio was supposed to marry one of her older sisters but after Emilio saw her picture he told his parents that he wanted to marry Katrina instead.*"

Before her 14th birthday, accompanied by her future brother-in-law Demetrio Kabande and his bride Isabel Dabdoub, Katrina traveled halfway around the world from Bethlehem to marry 18 year old Emilio. They landed on Mexico's east coast at the port of Tampico and traveled northwest by train to the colonial city of Saltillo, Coahuila, where there was a growing Arab community. The young couple was married in Saltillo before moving to the nearby agricultural town of San Pedro de Las Colonias in a cotton growing region of Coahuila in northern Mexico, where the Kabandes had established themselves in business.

The Kabandes[6] were storekeepers and merchants from Bethlehem. The earliest known Kabande to immigrate to Mexico was Demetrio Bishara Kabande, Emilio's older brother. He landed first in Cuba and then in Tampico, working in agriculture and forming business ties with other Arab immigrants there. After about five years he brought the rest of his family from Bethlehem, including his father Bishara (1862-1907), and his siblings Emilio, Jose, Victoria and Afif. The family settled in San Pedro around 1906. By 1914, their clothing and agriculture businesses were thriving in this relatively prosperous corner of the Chihuahua Desert.

The Kabandes joined many Bethlehemites and other Arabs from greater Syria in a large out- migration that began in the late 1880's and continued until World War I. While some entered the United States, others went directly to Mexico and Latin America, where they found business opportunities, cheap land, and welcoming immigration and citizenship policies.[7] These early immigrants were predominately Christian Arabs, who found a receptive market for their wares in Mexico and other Catholic countries. Collectively, they were known as 'Turcos' because they carried Ottoman identity cards. The men, escaping political and economic instability and a yearly tax or conscription in the Ottoman army, usually immigrated first, often working as peddlers. After establishing themselves in business, they brought over wives, relatives and friends to join them. Not everyone stayed and settled, but those who did assimilated relatively easily while continuing to maintain strong kinship and business ties to the homeland.

---

6 The name was originally Khawandeh. The family no longer lives in Bethlehem, although descendents live in Mexico, Chile and other parts of Latin America.

7 Official policy during the Porfirio Diaz era in Mexico (1876 – 1911) encouraged population of "empty land" with "productive white foreigners," including Middle Eastern migrants from areas including Lebanon, Syria, and Palestine. Christians were a majority among migrants to the United States and Mexico; Brazil, Argentina, Columbia and Venezuela received Muslim migrants as well. Palestinians settled chiefly in Central America, Peru, Chile and northern Mexico. The migration continues today, albeit in reduced numbers. Source: Camila Pastor de Maria y Campos, UCLA Center for Near Eastern Studies, symposium announcement "Middle Eastern Communities in Latin America," May, 2008.

Other families that came to Mexico around the same time included Lebanese immigrants whose descendants, telecom multi-billionaire Carlos Slim and banker Alfredo Harp Helu, became part of Mexico's economic elite.

Former Kabande family home in San Pedro de las Colonias, Coahuila, Mexico. Photo by Kathy Saade Kenny, 2003

Like the Sa'ades, The Kabandes' business experience and kinship connections allowed them to move with relative ease to other lands. They relied upon the strong network of countrymen in these places to further their own business interests and to help the family grow. The families often strengthened these merchant links through marriage of their children. This was certainly the case for Katrina and Emilio.

In the early 20th century San Pedro was flourishing town of 7,000 residents and surprisingly multi-cultural. The local cotton industry, which exported to the United States, supported the relatively large Arab community, as well as Spanish, English, Chinese and Filipino immigrants, the descendents of whom are still there today.[8] The Kabande family home was a large Moorish-style brick structure that closely resembled the architectural style of the Palestinian hill country. Several other buildings of similar style and vintage can still be seen in San Pedro.

In 1914, Mexico was in the midst of its own revolution, which began in 1910. Francisco (Pancho) Villa and his fellow revolutionaries Álvaro Obregón, and Venustiano Carranza were leading the uprising against the government in northern Mexico during those violent years. On April 13, 1914, a few months before Katrina arrived in San Pedro, the town was the scene of a bloody battle in which Pancho Villa and his forces defeated the main Federal force of 6,000 men in northern Mexico, and occupied San Pedro. This battle secured a large portion of northern Mexico for Villa and his allies. It was one of the turning points of the Mexican Revolution, which most historians say ended in 1917 with the adoption of the Mexican Constitution.

In spite of the political turmoil, Katrina lived in relative comfort with the large and boisterous Kabande family, and quickly learned to speak Spanish. In the recorded tapes, she reminisces about her happy life in Mexico, living in a close-knit community with her in-laws and other Palestinians. *"When I was first in Mexico...we had people from Bethlehem and Jerusalem coming there to enjoy talking to us. We had people from Ramallah also... They stick together. They loved and helped each other; when they see someone in need, they take care of them."* Within a year of her marriage, in 1915, her daughter Julia was born, and less than a year after that, the couple had a second daughter, Elena.

---

[8] Family names included Abada, Abdala, Dabdoub, Abusaid, Babu'n, Atki, Batarse, Marcos, Issa, Saca, Giaoman, Handal, Sadi, Kawavhe.) The Kabandes no longer live in San Pedro; the majority of their descendents now live in Mexicali, Tijuana, Monterrey and Guadalajara, Mexico.

Copy of a newspaper photo of a derailed train during the Mexican Revolution, date unknown. Museo de la Revolución, San Pedro de las Colonias, Coahuila, Mexico

When Julia was just 14 months old a tragedy forever changed their family. On October 19, 1916, while returning by train with his brothers from a Mexico City buying trip, Emilio was killed in a horrific train crash near the city of Saltillo. He was 19 years old. The cause of the accident is shrouded in family legend. Katrina always attributed it to Pancho Villa and his rebel bands that were known to cause train accidents and rob the passengers to help fund the Mexican Revolution. Whether or not Pancho Villa sabotaged the train, Katrina found herself a widow with two infant children, dependent for her survival on the kindness of Emilio's extended family. The baby Elena, a sickly child, died of the flu about six months after Emilio's death.

Everything had changed; Katrina had lost her husband and her daughter in the same year. She and Julia were living in Mexico without a way to provide for themselves. One can only imagine how terrifying it must have been for her to be so young, so vulnerable, and so far from Bethlehem and the protection of the Sa'ade family. She was sixteen years old.

Katrina and Julia, date unknown. Personal collection of the author.

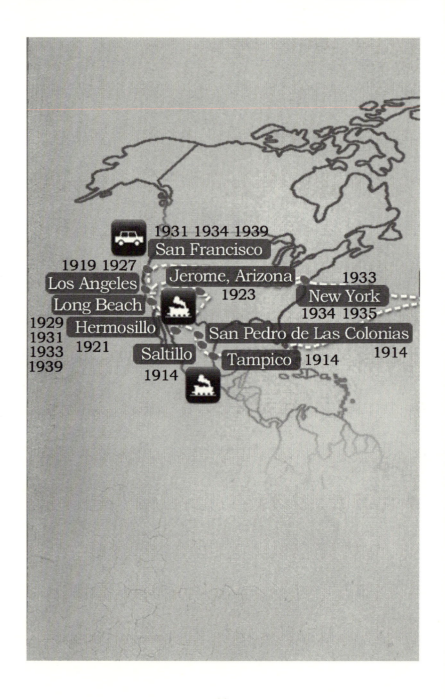

California in the 20's and the Great Depression

The Afanas in their Long Beach, California store, Holy City Bazaar. Date unknown, probably before 1915. Personal collection of the author.

Her parents in Bethlehem decided that Katrina should move to Long Beach, California where her older sister Jamileh and husband Jamil Jadallah Afana had immigrated a few years earlier. From her parent's point of view, it was essential for Katrina to start a new life for herself to improve her prospects for remarriage. The Afanas owned Holy City Bazaar, a large store on the Long Beach Pike (a popular local amusement park) which sold religious articles, Russian amber, carpets and other mementos from the Holy Land.

Afana Brothers' Mother of Pearl Masterpiece. Jamil Afana and Gabriel Afana at the World Expo San Diego, CA 1916. Personal collection of the author.

Katrina helped the family by working in the store, where she also learned English, making it the fourth language she spoke before she was 20 years old. *"How many languages do I have? I have Syrian or Arabic, whatever you call it. Now English, broken English, and Spanish. A little bit of Russian but I forgot much of what I knew. I learned how to read and write but now I can't do nothing. French, we took that at school...I learned to speak a little bit, but that's all."* For the rest of her life, she spoke a delightful mixture of English with a heavy Russian accent, as well as Arabic and Spanish.

While living in Long Beach, Katrina also learned how to knit and crochet, skills that would serve her well later in her life.

Not long after moving to Long Beach, Katrina was introduced to Suleiman Jiryes Farhat. Suleiman, also known as Solomon or Sleiman, was a handsome young man from Ramallah, the third child and only son of Jiryes Suleiman Farhat and Miriam Ya'qoub Ishaq el-Ghannam Farhat. Born in 1895, Suleiman was a descendent of Farhat el-Basl; one of the original Ramallah families. The Farhats were farmers, raising mainly olives, grapes, figs, and other fruit on their land around Ramallah. According to Henry Bond, *"They raised almost everything the family needed to live well, except for the meat that they purchased at the local markets. The family did not have a car and either walked or rode a donkey. There was one bus that provided transportation from Ramallah to Jerusalem."*

The Farhat's two-room stone house still stands today on Sayyidat al Bishara Street in Ramallah. Like many houses of the period, there was no indoor plumbing. The family slept on mattresses and quilts that were spread over the floor at night, and moved during the day. Outside, there was a large bread baking oven, storage bins for dried fruit and wheat, and a few goats and donkeys.

Suleiman's life experience was very different from his wife's. While both families came from a farming background and spoke with the peasant dialect of the hill country, the Sa'ades were substantial merchants by the time Katrina was born. She had also been exposed to a European life-style due to her emigration to Russia, which is reflected in the Sa'ade's dress style and mannerisms [see picture]. Suleiman and his parents were farmers, deeply rooted in rural Ramallah to their land and the olive trees they cultivated. In his youth, Suleiman's father, Jiryis, was a stone mason working in Ramallah and Jerusalem.

Members of Farhat and Sa'ade families in Palestine, 1923. This photo was a gift from Abdullah to his son-in-law Suleiman on the occasion of the birth of his son George. Seated from left: Mariam Isahaq Farhat, Issa Yacoub Farhat, Jiryes Suleiman Farhat, Miram Sa'ade, Mary Karra'a, Abdullah Sa'ade Top row, from left: Zina Sa'ade, Mitri Sa'ade, Nusa Sa'ade, Ne'meh Sa'ade Karra'a, Anton Odeh Karra'a. Personal collection of the author.

When Katrina and Suleiman met in about 1920, Suleiman had lived in the United States for several years, working first in New York as a peddler, buying goods on credit from suppliers such as the A. Shaheen Company, owned by early Palestinian immigrants from Ramallah. Suleiman's story is typical of the young Arab men of his era who arrived penniless in the United States and earned a subsistence-level living by traveling from place to place selling merchandise while learning English. The United States immigration policy made it relatively easy - no passports or visas were required - foreigners had only to be healthy and free of trachoma, an eye disease.[9]

Katrina and Suleiman married in Long Beach in August, 1921, a few days before her 21st birthday. *"I met him when I came down to Long Beach... We were from the same country and we thought it was a good idea to get married. It was not an arranged marriage."* With six year old Julia, they moved to Mexico later that year. *"When I married Suleiman Farhat...he didn't have enough money. So we said, let's go to Mexico to see if we could make a go [there] and we went down there."* Many other factors undoubtedly contributed to their decision, but Katrina's ability to speak Spanish and her ties to Arab merchant families in Mexico were certainly influences. A son, George (Jurgie) Suleiman Farhat was born on August 22, 1922 in Hermosillo, Sonora, Mexico. After several unsuccessful business starts in northwest Mexico and Baja California, the family returned to the Los Angeles area, where they tried another series of ventures, including a grocery store. Two more children, Fred (Fuad) and Mary, were born in 1926 and 1928 in the Los Angeles area.

---

[9] Azeez Shaheen, *Ramallah, Its Histories and Its Genealogies*, Birzeit University, 1982, pg. 30 (English text).

L to R: Julia Kabande, Katrina Farhat, Suleiman Farhat, infant George, 1922. Personal collection of the author.

The dramatic economic downturn known as the Great Depression began with the stock market crash in October 1929 in the United States and soon spread worldwide, bringing devastating changes, massive unemployment and social upheaval. It lasted through the entire decade of the 1930's. Times were difficult for everyone, and Katrina and Suleiman struggled to make a living and support the family of six. In about 1929, the family moved to Jerome, Arizona, a booming copper mining town with a large immigrant population. They opened a "Dollar Store" in Jerome where business was robust until the mine closed, no doubt affected by the Depression. "*The mining stopped working, so all the Mexicans they shipped them out to Mexico. So if we didn't have Mexican people we couldn't make a living.*" The Farhats moved back to Los Angeles, tried several more ventures and eventually settled in South San Francisco, California in 1931, where they opened a 'five-and-dime" variety store on Grand Avenue, selling clothing and household goods to immigrant workers from Mexico, Italy, Greece and the Philippines. The business was relatively profitable, in spite of the tough economic times.

Katrina surely brought considerable business acumen to their marriage, having grown up in a family of merchants. Throughout their marriage, Katrina and Suleiman were business partners, and opened a number of stores together. She worked in these businesses every day, while also caring for her small children. In doing so, she blended the traditional role of wife and mother with that of a modern working woman, who considered herself capable and equal to her husband.

Return to Palestine

Katrina, 1933. Personal collection of the author.

As the Farhats' only son, Suleiman was under constant pressure from his family to return to Palestine. Beginning with the earliest letter, it is clear that Suleiman always intended to return to Ramallah and live the rest of his days there, tending his land, and opening a store. Virtually all the letters from the early 1930's concern money, land and financial transactions. They also divulge the fact that Suleiman was sending money home to his father Jiryes, which he invested, lent to others and used to purchase farm land in Ramallah in his son's name and that of his children.

In the earliest letter, 1925, Suleiman's widowed sister Hilweh pleads with to him to come back, *"Your father transferred the registration of the house and land in your name....You should get back home to your land and your house. Your father is not well enough to do the work and the land and cannot take care of the olive orchards."*

The letters also reveal Suleiman's dissatisfaction with life in America, no doubt compounded by the economic hardships of the Great Depression, which had reached its nadir by 1933. His letters to his family in Ramallah are full of yearning for his homeland, and reassurances to his parents that he will soon return, bringing bounty and gifts for everyone. *"The situation here has been terrible for two years and I borrowed money to send the family back and for this reason I could not send proper gifts. Soon, God willing, I will be happy in seeing you and will bring with me gifts and money and we will be together."*

Katrina was not so enthusiastic about returning, having left Palestine more than 15 years earlier and establishing a life for herself and her family in America. But Suleiman apparently convinced her to give it a try. In May, 1933, he sent Katrina and their three children, Mary, Fred (Fuad), and George (Jurgie), to Ramallah to live with his parents. Julia, who was a teenager by then, stayed behind in Long Beach with her aunt and uncle to finish high school and help in their store, The Holy City Bazaar.

When Katrina and her children sailed to Haifa, Suleiman stayed in South San Francisco to operate their dry-goods business, take care of their home, and continue to support his family financially. From their correspondence, it appears that she left with the expectation that if the move to Palestine did not work out, she could always return to California.

Suleiman, on the other hand, had a great deal at stake, as described in his letter to his father Jiryes, dated June 6, 1933. *"Now I tell you, my dear father, that the family is leaving here to come to you. I beg you, mother and sister, to treat her well even if she is a ball of fire, cool it down because the customs here are different from our country's customs, and she is used to the customs of this country. Please make every effort not to make her unhappy for the sake of the children, my father. As soon as I get rid of the shop, I will be by you. I have given Katrina some money with the tickets and other expenses, the trip has cost me $2,000 dollars. And now I am swimming in debt, may God improve my situation. I also have to tell you that she took a paper to arrange for her return if she doesn't like it there. And if she does come back, this time she will finish me. And if she takes her case to the government [courts], I would lose all, for in this country, judgment is always with women, even if she is guilty. What I need from you, therefore, is to hire a servant for her if necessary and to keep her satisfied until I come back. And then I will take care of her. Remember, that if you treat her well, she will respond better. I need not beseech you more than this since you are the 'master of those who know'* [inta seed el 3arfeen]."

Katrina returned to a Palestine irrevocably changed from the country she left in 1914. A new economy evolved under British rule, bringing with it prosperity enhanced by war spending and a rising middle class. As the depression hit the US economy conditions in Palestine seemed prosperous and began to attract a reverse migration of Palestinians from America

On arriving in Palestine in June 1933, Katrina moved in with her in-laws in Ramallah. Soon after, she hired a tutor to help the children improve their spoken Arabic and learn the basics of writing before they entered school. She studied alongside her children, and for the first time, learned to write in Arabic.[10] That fall, she enrolled the boys as day students in the American Friends School in Ramallah. Mary stayed at home because she was quite young and there was little money to spare for her education, which must have been difficult for Katrina, given how highly she valued education.

Things did not go well for Katrina in Ramallah. Less than two months after her arrival her letters to Suleiman grow increasingly despairing. There are many reasons for her unhappiness. Nothing in her background prepared her for rural life and manual labor of a farming family. Her living conditions were rudimentary; she and her three children were living with Suleiman's parents in the two-room house without many amenities, a far cry from what she had been accustomed to. And money was always an issue. With every letter to Suleiman, Katrina pleaded for money and asked for his understanding of her situation.

---

[10] Her only formal education was in Russia, but she probably read and wrote some English and Spanish.

This letter, dated October 13, 1933, illustrates how miserable and desperate she felt. *"You write to me asking me to pay all the debts owed by your father. My dear cousin [husband]*[11] *...you know better how much money has remained with me, for according to the customs of this country [we] have bought dry foodstuff [muneh] for the whole year, and I also paid for the children's schooling and their other expenses from the date I arrived until today. The money is now depleted. ...When we arrived [to the country] our godfather Bulus came to welcome us, and he brought with him a sheep [as a gift]. I said to your father, 'Uncle take this sheep, and deposit it with the butcher, so that we can take our meat from him, as we need it.' Your father took the sheep and sold it to the butcher for cash, and put the money in his pocket, without informing me. When I went to the butcher to get the meat as we agreed, the butcher told me 'your father-in-law instructed me not to give you even half a piaster worth of meat.' I returned empty handed... But what can I do, I am helpless... My dear cousin I came here not wanting a thing. All this hassle started because I refused to go with them to pick olives from the fields. My cousin, I have no ability to pick olives. I stayed home in order to cook for them. Because of this [refusal to work in the fields] they started to berate me and make trouble for me. What kind of life is this my dear cousin? A life of abuse and insults [sammit badan]. Do you consider this a life worth living? I am writing this and I am boiling with anger from the indignities I have suffered from your folks. In short they do not treat me as a member of the family, but as a stranger living in their midst. If they had treated you in this manner, how would you feel? I am sure you will never tolerate this kind of behavior. You have placed me in a terrible predicament [with your family]. Only God can help me."*

---

[11] In their correspondence, Katrina and Suleiman addressed one another as 'cousin,' a term of endearment.

Despite Suleiman's pleas to his parents and to his wife that they get along, the situation deteriorated so badly that Katrina began staying in Bethlehem with her sisters to escape the situation with her in-laws and to get money to feed her children.

George Farhat, probably 1923 or 1924. Personal collection of the author.

Suleiman was worried that Katrina would leave Palestine with the children before he could join them in Ramallah. In this undated letter [probably October or November, 1933], Suleiman asks his father to deprive her of the means to escape. *"You tell me, my dear parents, that Katrina is not happy with you and that she wants to come back to me and that you are doing your utmost to dissuade her... This is good...I would be happier if you would make her spend all the money at her disposal and then she will be unable to come back. Do whatever you can to spend all the money and then she cannot come back. My love and my eyes -- make it possible for all the money to be depleted. I, on my part, will undertake not to send her money. If I send, I will send the money in your name. And that I will do in secret so that she will not know and nobody will know. And then perhaps she will see reason in that head of hers."*

It is impossible to reconstruct exactly what went wrong between Katrina and the Farhats, but their desperation over money was a constant source of tension. It was also clearly a clash of differences in family expectations, against the backdrop of traditional versus modern values and gender roles. Ultimately it was the fate of their children and whether they would grow up in Palestine as a future support for their family, or in America with their mother. Jiryes's letters to Suleiman paint a picture of Katrina as an outsider who refuses to accept his authority. From her upbringing, her years in Mexico and America as a single parent, and later as a business partner to her husband, Katrina's independent spirit clashed with the cultural norms of women in rural Palestine in 1933.

Both Katrina and her father-in-law Jiryes wrote many letters to Suleiman during this period. These letters present very different pictures about what was happening in Ramallah. On November 8, 1933, Katrina wrote this to Suleiman: "*When I arrived, I had left with me 50 [English] pounds. I bought house furniture and began my life in security and happiness. A month ago, all of a sudden, the situation began to change. I bought provisions for the house - wheat, and lentils and onions and coal, etc. -and we put it in the food storage bin [khazine]. Even the tithe [government tax on agricultural land], I paid from my money. Today he [Jiryes] found out that I had no money left, he closed the storage bin and refused to give us anything. Now I am compelled to buy bread by the loaf...My cousin Suleiman, I need money badly, for you know the children have their needs, especially in food.... I cannot take this life at all. Either you send me money so I can live on my own or I will come to you. .... Yours, Katrina Farhat.*"

Jiryes also wrote to his son Suleiman, blaming Katrina for the problems between them: "*I tell you about Katrina, we treat her the best of treatment. Her health is good. She is not making commerce of her family [being helpful] and if the child wants half a piaster, she sends him to his grandfather...God help you on this catastrophe. As much as we are good to her, she does not care. This week she made a big hullabaloo on a matter that is nothing. Day and night, the devil comes out through her eyes. She cares nothing for this family or any other family. ...All day she closes the door to her room after she finishes with her lessons she goes to the neighborhood exposing us and scandalizing us. Be careful from this wicked woman...Take care of yourself...Do what is necessary and come back, with God's will. Send me a few piasters so we can keep her busy and so we can deal with this catastrophe. May God protect you, Jiyres Suleiman Farhat.*"

Fragment of letter from Katrina to Suleiman, 1933.

The problems between Katrina and the Farhats came to a head in a series of dramatic scenes that are graphically reported in the letters. By early 1934, Katrina was residing primarily with the Sa'ade family in Bethlehem and making plans to return to California with her three children. But Suleiman and his family had other plans. They did everything in their power, including filing for custody through the Greek Orthodox Ecclesiastical Court, to keep the children in Palestine. They must have realized that their departure could mean that Suleiman would never come home to take care of them and their land. Also, if Katrina returned to the United States, much of the money that Suleiman and Katrina had earned would never be available for the Farhat parents' needs. These feelings boiled over into verbal and sometimes physical attacks. Mary, who was six years old at the time, recalls violent arguments between Suleiman's sister and Jiryes against Katrina.

The pivotal scene took place in February 1934. Just before her secretly scheduled and unsanctioned return to America, Katrina arrived unannounced at the Farhat home in Ramallah to collect her children. This was not the first time Katrina had tried to take them, and the Farhats had taken steps to keep them from her. Mary, who was only 6 years old, recalls being told by her Farhat grandparents that they were playing a trick on her mother and that she should stay hidden in the closet when her mother came looking for her.

On that final day, she left Ramallah with only one child - her son Fred (Fuad). As Jiryes reported to Suleiman, *"Two days before her departure, she came to Ramallah in secret. She went to the school and kidnapped the little boy [Fred] and took him to Bethlehem and left him there. Then she came back to town in order to take the others. When she reached our front door, she left the car, entered the house, kidnapped the girl [Mary] while nobody was at the house except your sister Hilweh's little daughter. The girl could not save Mary from her and she started screaming. The neighbors heard the screaming and came and freed the girl from her hands. Then she [Katrina] went back to Bethlehem. All this happened in my absence. When I came back home and found out that she kidnapped the boy, I ran after her to Bethlehem. And when I reached their house, the boy saw me. He jumped and ran towards me. I took the boy's hand and then they all started running after me. I fought with them but they were able to take the boy from me. Her brothers beat me up and humiliated me...I put a request with the Immigration Dept [to stop her from leaving], but she had already done all the paperwork previously. And she was able to take the boy [Fred]. She left to America on Friday, 17 February without anybody's knowledge. God knows how much I spent/lost in this period. And I failed."*

While Katrina had Fred, she was unable to retrieve Mary and George, who were left behind in Ramallah. There are different versions of why George could not be found that day. Many years later, he told Henry Bond that he was sent away from the house by his grandparents to work on the family plot, unaware that this life-changing drama was unfolding. It is also possible that he wanted to stay in Palestine with his grandparents. Whatever the reasons, the stakes had just been raised tenfold. This fight had ceased to be about money or family roles and had escalated into a battle over this torn family's children.

Mary Farhat and Fred Farhat, 1933. Personal collection of the author.

After selling her jewelry and borrowing money for the passage, Katrina left Palestine with young Fred on the SS Bremen, which sailed to New York on February 23, 1934. It unimaginable how painful it must have been for Katrina to flee from Bethlehem with only one of her children, leaving Mary and George behind.

After Katrina and Fred left Palestine, no one ever told Mary what happened. According to Henry Bond, *"She missed her mother very much.....George did many nice things for her, including playing with her, giving her rides on the donkey up into the hills and to the other farms, comforting her when she was missing her mother or when she fell down, getting her figs from the storage bin...and so on. ...She was aware that they had taken her away from her mother."*

Katrina and Fred arrived in New York and made their way by train to South San Francisco, where she found her husband Suleiman preparing to return to Palestine. They must have reconciled for a time, living together in South San Francisco and working in their store. But the gap was too large. While Suleiman loved Katrina and his children, he was steadfast in his desire to live in Palestine. Katrina did not agree and wanted to raise her family in the United States.

Mary stayed in Ramallah with George and her Farhat grandparents during this period, until Katrina prevailed upon Suleiman to pay for the child's return to the US. With the help of the Red Cross and a private nurse, Mary traveled by ship to New York in the summer of 1935 where Katrina greeted her as she disembarked. Mary, who is now in her 80's and lives in Cody, Wyoming, has vivid memories of this trip and still has a small doll, a gift from the nurse who took care of her on the long journey across the Atlantic.

Despite valiant efforts by Katrina, her daughter Julia, her family in Mexico and the Sa'ades in Bethlehem, she was unable to arrange for George to return to the United States. The situation was complicated because he was not a US citizen.[12] More than 30 of the Arabic letters from early 1937 to the last one in 1939 tell the story of the unsuccessful and sometimes desperate efforts to bring him back. In an undated letter from this period, Katrina sought the help of her brothers Saleh and Nichola [Incula] Sa'ade, who were living in Saltillo, Mexico at that time, *"Please do me a great favor and try to prepare the papers for my son George (Jurgie) from your side. Then I can request his presence, which indicates that he is born there, and have the midwife testify that he was born there and also the name of the midwife so I can bring George here. I have not been able to bring him because we could not find the name of his midwife. If you can find a way to solve this problem, then I will bring Jurgi here. If that costs any money, then I will borrow to pay it. If you cannot help me, I have no idea what to do."*

George remained in Palestine and attended Ramallah's Friends School until about 1937. He lived with the Farhats as well as the Sa'ades, worked on his family's agricultural land for a while, and later enlisted in the British Army at the beginning of World War II. He fought in North Africa and Europe but was captured by the Germans in Greece and spent the remainder of the war as a prisoner of war. With the help of many friends and family who vouched for him and served as his sponsors, he was granted permission to re-enter the United States in about 1946 when the war ended. He had not seen his mother for more than 13 years.

---

[12] His birth in 1922 in Hermosillo, Sonora, Mexico, was attended only by a mid-wife and there were no official birth records.

Suleiman's desire to return to Palestine finally won out. In the summer of 1935, he worked his way across the United States to New York, and sailed for Palestine at the end of August on the SS Rex, an Italian ship. As George Farhat said to Henry Bond many years later, "*Dad was not really a bad guy. The old man wanted to live in Palestine and Mom did not.*" Before leaving California, Suleiman left Katrina with a Power of Attorney so she could sell their mutual property and liquidate their assets.

From his conciliatory letters sent en-route, one can sense Suleiman's longing for his family and his fervent hope that Katrina and the children would soon join him in Palestine. Writing from Ramallah later that year, he seems truly happy to be home and cautiously optimistic about a reunion: *"I love our country...the work is much better than in America. My land is good and no one here is taking care of it because my father is old. Please sell the house and store and all we own and bring the children immediately...If we open a store in Jerusalem, with the income from the property, we can live well. Start selling everything upon getting this letter. Also keep the small book with the names and addresses of the merchants [who owe us money] – we might need them....I am worried about you."*

Suleiman reached Haifa in September, 1935. Once back in Palestine, he continued to appeal to Katrina to return with the children. In a May, 1936 letter to his father-in-law Abdullah Sa'ade, who was in Mexico at the time, Suleiman pleaded his case: *"After we reconciled, I tried my utmost again to convince her to go back with me. She refused and remained stubborn. To make a long story short, Mary arrived alone to New York. Her mother went and met her in NY and when she came back, I went out to make sales [as a traveling salesman] until I arrived to*

New York. During this period, I would send her a letter every two or three days. And she would reply to me. In every place I would arrive to, I would send gifts to her and to the children in order to soften her heart. When I went back to Palestine, I sent her a letter and I received a response from her congratulating me for safe arrival. In another letter, I told her about my father [who] has become old and my property here are plentiful enough to support us. No answer. I sent a second, a third, a fourth, a fifth, and a sixth letter, without receiving an answer. When I saw the situation like that, I took the Muhktar [of Ramallah] and a few members of our family and went to Bethlehem and told them [The Sa'ades] what happened and asked them to help us to resolve this issue... I ask you to do us a favor and try your best, my dear Uncle, because we have young children and it is a pity that they get humiliated. You know that women are lacking in intellect and religion and I hope you will do all you can. I am impatiently waiting for your response. Your son in law, Suleiman Jiryes Farhat."

By late 1936, Suleiman had apparently given up hope of reconciliation. He initiated divorce proceedings with the Orthodox Ecclesiastical Court. The following announcement was printed in *Filastin* newspaper on October 1, 1936: *"The Greek Orthodox Patriarchy in Jerusalem Ecclesiastical Court ...requests the appearance of Katrina, daughter of Abdullah Mikha'in Sa'ade from Bethlehem and now living in America to appear in person or via a legal representative as a defendant for the case raised against her by her husband Suleiman, the son of Jiryes Farhat of Ramallah, asking for divorce...That will be on Tuesday, December 1, 1936, Gregorian, at 9:00 am. If she does not appear the court will make a decision in absentia. The present announcement will be published three times in Palestine beginning on 29 October, 1936. Signed by Bishop Theodosius."*

While Katrina and her family actively worked to stop the divorce and defend her reputation, the church granted it on March 2, 1937. In a letter to the Patriarch of Jerusalem, Katrina wrote, "*I am in astonishment and pain. I cannot believe that this is happening to me.... Are we women like old clothes, whenever a man chooses he would take off his clothes and put on a new suit?*" Suleiman re-married soon after the divorce. With his new wife he had four children, and finally achieved his dream of living with his family in Palestine. He returned to the United States temporarily during World War II, and then again in 1969 to visit his sons George and Fred. He never saw his daughter Mary again. Suleiman died in Ramallah in 1984.

Independent Life in California

Katrina's family reunited in Long Beach, 1946. L to R: George Farhat, Julia Kabande, Katrina (Katherine) Farhat, Fred Farhat, Mary Farhat. Personal collection of the author.

Once again, Katrina's world had shifted. Suddenly single at age thirty-seven, she faced an unknown future caring for two children without the modern day safety net of child support or alimony. She turned to her twenty-two year old daughter Julia, and with her help, began to build a life for herself in California.

Katrina returned to her merchant roots. She sold the dry-goods business in South San Francisco along with other assets that she and Suleiman had accumulated. With a loan from a family that Julia worked for, she opened her own store on Grand Avenue in South San Francisco selling women's and children's apparel, some of which she made herself. Her knitted and crocheted baby clothes were so popular that she also sold them to several local department stores. Initially, she and the children lived in an apartment in the back of the store, but she soon was able to buy a small home nearby.

The family continued to live in South San Francisco until the summer of 1939 when Katrina sold her business and moved with Julia, Fred and Mary to Long Beach. With her life savings, she purchased a two-story commercial building at the edge of downtown that consisted of a large storefront downstairs and apartments and rental rooms upstairs. Adjacent to the property were six more bungalows. The rental income supported the family and, in about 1942, she was able to buy a three bedroom home where her children, at long last, were re-united. Julia and Mary both lived with her until they married. Fred lived there until he joined the Marine Corps, while George joined her in Long Beach after his long-awaited return following World War II.

Katrina stayed in her home in Long Beach for nearly fifty years. Although her early life was shaped by repeated migrations and situations that were largely beyond her control, she transcended these constraints and emerged as an independent woman. She died in 1989 at the age of eighty-nine.

Katrina Sa'ade Farhat and Kathy Saade Kenny, circa 1950, Long Beach. Personal collection of the author.

Katrina en Cinco Mundos

Katrina in Five Worlds

KATHY SAADE KENNY

Tabla de Contenidos

Prefacio y Reconocimientos 65
Los mundos de Katrina 69
La familia Sa'ade en Belén a finales del imperio otomano 71
La niñez de Katrina en la Rusia zarista 75
Matrimonio y pérdida en el México revolucionario 79
California en los años 20 y la Gran Depresión 87
Regreso a Palestina 95
Vida independiente en California 111
Acerca de la autora 115

Prefacio y Reconocimientos

Siempre me ha fascinado la historia de mi abuela palestina. Me crié con ella en el sur de California y me encantaba escuchar relatos sobre su infancia en Belén, su vida de jovencita en Rusia, su matrimonio con mi abuelo en el norte de México, su breve y fatídico regreso a Palestina como madre joven y su vida en California.

Mi abuela era el centro de nuestra familia directa y junto con mi madre, la influencia más importante sobre mi propia identidad. Yo soy su homónima y la nieta mayor. Ella me enseñó valores primordiales como: el lugar central de la familia, la apreciación por mi herencia y una respetuosa curiosidad hacia la gente y las culturas del ancho mundo.

En 2003, después de la muerte de mi madre, mientras revisaba unas cajas con recuerdos familiares, descubrí una caja con cartas y un álbum con fotos viejas de la familia que pertenecieran a mi abuela. Dentro de una destartalada caja de dulces See's, se encontraban más de 130 cartas en árabe así como notas y documentos que mi abuela había puesto ahí hacía sesenta años. Como no leo ni escribo el árabe, sólo pude adivinar su contenido y apenas me percaté del tesoro con el que había tropezado. Es de notar que, ella había sido capaz de reunir esta correspondencia, traza una imagen dramática de lo que fue, sin duda alguna, un período traumático en su vida. Con un lenguaje conmovedor expresado en un dialecto arcaico, las cartas infunden vida a la historia del fracaso de su segundo matrimonio y las divisiones económicas, sociales y de género que culminaron en la trágica desintegración de su familia.

Casi al mismo tiempo que encontré la caja con las cartas, mi tío Henry Bond escribía su propia historia familiar y reunió una considerable cantidad de investigación genealógica, historias de la familia y cintas grabadas de entrevistas con mi abuela realizadas hacia el final de su vida. En 2003 y 2004, después de descubrir las cartas, hice varios viajes a México en donde pude entrevistar a miembros de la familia y visitar algunos de los lugares que mi abuela había frecuentado, incluyendo la casa en San Pedro de las Colonias donde nació mi madre y la tumba de mi abuelo en Saltillo. Más recientemente, con la ayuda del profesor Salim Tamari, quien tradujo casi todas las cartas, he llegado a conocer a mi abuela de manera más completa, y me he dado cuenta de que la suya era una historia que valía la pena contar más allá de nuestro círculo familiar. Es también parte de la crónica de una generación de inmigrantes que a principios del tumultuoso siglo XX cruzaron océanos, se arriesgaron, sufrieron pobreza y aguantaron guerras y revoluciones para construir una mejor vida para sus hijos y familiares. Para mí y para otros descendientes de inmigrantes árabes en las Américas, estas historias constituyen una fuente de orgullo, identidad e inspiración. Me encuentro sumamente agradecida.

También estoy en deuda con muchos familiares y amigos que apoyaron mi trabajo, compartieron historias e inspiraciones y me ayudaron a lo largo del camino, incluyendo a mi esposo David Bracker, mi hermana Julie Kenny Drezner, Mary y Henry Bond, Fred y Mary Farhat, George Farhat, Elias y Florence Karraa, Mary Saadeh, Remon Karraa, Lilian Karraa, Afif Kabande, Teri Camacho de Kabande, la familia Dabdoub, la familia Marcos, Karim Saade, Salim Tamari, George Zoughbi, Frank Giffra, John Samaha, Judith Berlowitz, Karen Caronna, Lily Asfour, Nadia Kamel, Marty Doyle Carrara, Nadia Kattan Seikaly, Jalal Farhat, Shawn Marshall, Judith Brown, Camila Pastor, Martha Díaz de Kuri, Jim Horan, Jason Heard, Patricia Jacobs Barquet y Patrice Wynne.

El(los) artículo(s) original(es) de este libro fue(ron) publicados en dos diarios internacionales:

Jerusalem Quarterly, Institute for Jerusalem Studies, Vol. 35, Otoño, 2008 bajo el título 'The Power of Place: Katrina in Five Worlds."

Istor, Revista de Historia Internacional, Centro de Investigación y Docencia Económicas (CIDE), Vol. 40, Primavera, 2010, bajo el título: 'El poder del lugar: Katrina en cinco mundos." Traducción al Español por Paula Blanco y Judith Berlowitz

Espero que disfrutes de la historia de Katrina y si por momentos te conmueve o inspira, te invito a contactarte conmigo a Kathy@katrinainfiveworlds.com

Kathy Saade Kenny
Oakland, California USA
Octubre, 2010

Los Mundos de Katrina

Katrina Sa'ade, México, hacia 1916. Colección personal de la autora.

Katrina Sa'ade, o Katherine como se le conocía en Estados Unidos, nació en Belén, Palestina en 1900, al borde de un nuevo siglo. Su vida se desarrolló de forma paralela al curso de cinco importantes eventos históricos: fue testigo del final del imperio otomano en Palestina, la caída del régimen zarista en Rusia, la Revolución Mexicana, la Gran Depresión en los Estados Unidos y la vida colonial durante el mandato británico en Palestina, antes de establecerse finalmente en un suburbio del sur de California. En estos lugares tan lejanos unos de otros, encontró nuevos hogares, enfrentó retos personales, superó restricciones culturales y vivió revueltas políticas devastadoras, todo lo cual contribuyó a su formación como una mujer independiente.

La familia Sa'ade en Belén a finales del imperio otomano

Belén, 1900. Biblioteca del Congreso EE.UU.

La familia Sa'ade ha vivido en Belén desde hace varias generaciones. Hasta donde sé, el primer Sa'ade fue mi tátara-tátara-tátara abuelo Elías Sa'ade, quien tuvo cinco hijos[1]. Su hijo Mikha'in (Miguel) fue el primer presidente del consejo local de Belén en 1876. Mikha'in se casó con Wardeh (Rosa) y tuvo tres hijos: Ibrahim, Yacoub y Abdullah.

Katrina Sa'ade fue una de los nueve hijos que le sobrevivieron a Abdullah Mikha'in Sa'ade y a Miriam Elías Abu Jaradeh de Belén. A principios del siglo XX, Belén era un pueblo cristiano cuya principal actividad económica se relacionaba a su importancia como sitio religioso y centro de peregrinación. La familia Sa'ade, como muchos otros habitantes de Belén, se ganaba la vida a través de la fabricación y venta de artículos religiosos hechos de concha nácar y madera de olivo. Según el yerno de Katrina, Henry Bond, en una historia familiar inédita, *"La mayoría de los ancestros de la familia Sa'ade eran comerciantes. No era raro que tuvieran una tienda en la planta baja y su vivienda sobre la tienda. Los hijos de la familia aprendieron el negocio ya que desde temprana edad trabajaban en la tienda*[2]*"*.

La casa de piedra, construida para dos familias en la que nació Katrina todavía pertenece a descendientes de la familia Sa'ade. Se encuentra ubicada en el barrio Farahiyya[3], a unas cuantas cuadras cuesta arriba de la plaza del Pesebre y de la Iglesia de la Natividad. Los detalles de la primera infancia de Katrina son oscuros; recuerdo sus historias de las travesuras que hizo de pequeña escondiéndose de las monjas en el colegio francés en Belén. Abandonó su pueblo natal a los seis años escasos y nunca volvió a vivir ahí de manera permanente. Esta migración fue la primera de muchas que experimentara en su vida e inició una pauta que alteraría su percepción de "hogar" para siempre.

---

[1] 'Issa, Hanna, Mikha'in, Milada y Maria.
[2] Henry E. Bond ha reunido una considerable investigación genealógica, historias familiares y grabaciones en audio de Katrina. Muchos de los pasajes citados en este ensayo provienen de su historia familiar: *Bond, Farhat and Related Families*, 2006, inédito.
[3] Uno de los siete barrios de Belén. Durante tiempos otomanos, cada barrio elegía a su mukhtar, o representante, cuyos deberes eran tanto sociales como oficiales. El consejo local constaba de los mukhtares de cada uno de los siete barrios. Éste después se convirtió en el consejo municipal.

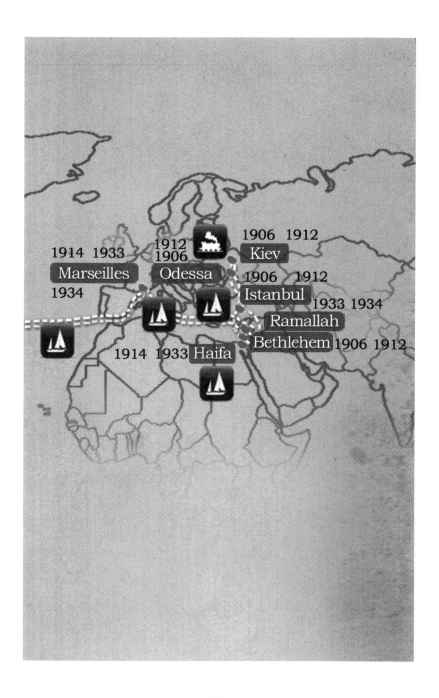

La niñez de Katrina en la Rusia zarista

Los Sa'ade en Rusia, hacia 1913. Katrina está en el centro de la fila de abajo, sus padres Abdullah y Miriam están sentados detrás de ella. Colección personal de la autora.

Al tiempo que el imperio otomano se derrumbaba y las condiciones económicas en Palestina se deterioraban, mucha gente de Belén se aventuró hacia el extranjero a buscar fortuna. En algún momento antes de 1905 Abdullah Sa'ade, su hermano Yacoub y su primo Ibrahim emigraron a Kiev en la Rusia imperial[4], donde el gran apoyo del Zar a la iglesia ortodoxa aseguraba un excelente mercado para todo tipo de artículos de tierra santa.

Los Sa'ade escogieron esta ciudad porque era uno de los centros cristianos del imperio ruso y ofrecía posibilidades económicas no disponibles en Palestina. Para cuando llegaron ellos a Kiev, otros belenitas ya se habían instalado ahí. Entre ellos estaba Elías Kattan, un mercader católico quien abrió su primera tienda en 1882 y que utilizó su amistad con el arzobispo ortodoxo de la ciudad para fundar un gran negocio que abastecía de inciensos traídos de Singapur y Yemen a iglesias en toda Ucrania.

Abdullah montó su primer negocio en Kiev vendiendo artículos religiosos cristianos y artesanías hechas de madera de olivo y concha nácar de Belén entre otras cosas. Su hermano Yacoub tenía una tienda en la que vendía artículos religiosos al menudeo a iglesias y monasterios - rosarios, íconos, incienso y aceite de orégano[5]. Traían sus productos de Belén, Jerusalén y el monte Atos (Grecia).

---

[4] En 1906, Kiev formaba parte del imperio ruso gobernado por el Zar Nicolás II (1868-1917). Asimismo era el principal centro cristiano del imperio por lo tanto atraía a muchos peregrinos cristianos ortodoxos. (Kiev, capital de la actual Ucrania).
[5] El extracto de aceite de orégano era popular en té cuando hacía frío.

Estas familias circulaban entre Kiev y Palestina con sorprendente frecuencia, viajando en barco desde Haifa o Jaffa a Estambul, después a Odessa en el Mar Negro y tomando el tren nocturno hacia Kiev. Algunas familias mantenían negocios en ambos sitios. Yacoub Sa'ade, por ejemplo, también tenía una tienda de souvenirs en Jerusalén. Sus hijos Elías y Jorge se alternaban para estar en Kiev y Palestina por meses enteros. Cuando regresaban de vacaciones o por negocios, traían samovares y otros regalos de Rusia, algunos de los cuales todavía se encuentran entre sus descendientes.

Cuando Katrina contaba seis años, Abdullah se llevó al resto de la familia a Kiev, donde prosperaron, crecieron y vivieron con relativo lujo. Estos fueron tiempos felices para Katrina y su familia. Recuerdo sus historias del viaje en barco de Palestina a Odessa, de sus tiempos patinando en hielo en el invierno, de toda la hermosa ropa que poseía y de los sirvientes que atendían a la familia. Katrina y sus hermanos se inscribieron a la escuela donde aprendieron a leer y escribir ruso y pasaban los veranos en una casa de playa. Katrina hablaría de las reminiscencias de su niñez con su hija Mary (Farhat) Bond muchos años después en unas cintas grabadas entre 1975 y 1978: *"Teníamos una casa de veraneo cerca de la playa. Era una casa grande y linda... la disfrutamos mucho. Pero en el invierno alguien más se queda en ella, la cuida por nosotros y la mantiene en orden. ... íbamos a patinar en hielo casi cada domingo. Cuando estás patinando, si la persona no sabe cómo patinar tienen una silla con ruedas para sentarse en ella. Patinaban atrás de la silla para apoyarse en ella. Así aprendían a patinar. Después de poco tiempo, lo hacían sin la silla. Yo lo pude hacer bien en poco tiempo".*

Esta vida idílica fue interrumpida por el caos que le precedió a la revolución rusa, (la cual comenzó en 1905 y duró hasta 1917 cuando el Zar Nicolás II fue derribado del trono.) La mayor parte de la familia Sa'ade huyó de Kiev y regresó a Palestina antes de 1914. Una muy consabida historia familiar cuenta que cuando Abdullah regresó a Belén con un baúl lleno de dinero ruso éste ya no tenía ningún valor. Katrina también habla en las grabaciones acerca de su escape de Kiev. "*Había muchos problemas. Empezaron a matar a la gente. Mi familia fue con un cura que hizo unos papeles que les permitieron escapar. Tenían mucho dinero- dinero de papel. Esperaban que el dinero recuperase su valor pero perdieron hasta el último centavo*".

Katrina describió en una grabación su repentina pobreza y las condiciones económicas que encontraron en Palestina en los últimos tiempos del imperio otomano: "*Cuando regresaron a Palestina, les costó mucho trabajo sobrevivir. Mi padre tenía mucha tierra. Se vio forzado a vender para mantener a la familia. Había muchas bocas que alimentar. La tierra los ayudó a sobrevivir*".

Matrimonio y pérdida en el México revolucionario

Katrina Sa'ade y Emilio Kabande, 1914. Colección personal de la autora.

A los pocos meses de su llegada a casa, los padres de Katrina arreglaron su matrimonio con [Jamil] Emilio Demetrio Kabande, el segundo hijo de otra familia belenita que había emigrado a México a principios de esa década.

Emilio Kabande, fecha desconocida.
Colección personal de la autora.

Los matrimonios arreglados eran comunes en Belén en ese tiempo y generalmente se utilizaban como una forma de afianzar los lazos entre familias comerciantes y también como una solución a "demasiadas bocas que alimentar". Katrina explicó la práctica en una de las cintas: *"En Palestina en aquel entonces... los padres del chico vienen a la casa de la chica y piden que sean casados".* Según Henry Bond, *"Los padres de Katrina y de Emilio – tal vez solamente las madres – habían acordado que Emilio se casara con alguna de las hijas de los Sa'ade mientras ambas familias estuviesen en Belén. Katrina nos explicó que Emilio tenía que haberse casado con una de sus hermanas mayores pero tras haber visto una foto de Katrina avisó a sus padres que prefería casarse con ella".*

Antes de su catorceavo cumpleaños y acompañada por su futuro cuñado Demetrio Kabande y su esposa Isabel Dabdoub, Katrina atravesó medio mundo desde Belén para casarse con Emilio, quien contaba entonces 18 años. Llegaron a la costa este de México, al puerto de Tampico y viajaron por tren con dirección noreste a la ciudad de Saltillo, Coahuila donde había una creciente comunidad árabe. La joven pareja contrajo nupcias en Saltillo antes de mudarse a un pueblo agricultor cercano a Saltillo: San Pedro de Las Colonias, situado en una región de cultivo de algodón en Coahuila al norte de México donde los Kabande se habían establecido comercialmente.

Los Kabande[6] eran tenderos y comerciantes de Belén. El primer Kabande de quien se tiene registro como inmigrante en México fue Demetrio Bishara Kabande, el hermano mayor de Emilio. Él llegó primero a Cuba y después a Tampico, trabajando en la agricultura y formando lazos comerciales con otros inmigrantes árabes en esos lugares. Después de unos cinco años, trajo de Belén al resto de la familia, incluyendo a su padre Bishara (1862-1907) y a sus hermanos Emilio, José, Victoria y Afif. La familia se estableció en San Pedro hacia 1906. Para 1914, sus negocios de ropa y agricultura estaban floreciendo en este rincón relativamente próspero del desierto de Chihuahua.

Los Kabande se unieron a muchas otras familias belenitas y a otros árabes de Siria en un gran movimiento migratorio que comenzó a finales de los 1880 y continuó hasta la primera guerra mundial. Mientras que algunos entraron a los Estados Unidos, otros se fueron directamente a México y Latinoamérica donde encontraron oportunidades de negocios, tierra barata y políticas de inmigración y de ciudadanía bastante accesibles[7]. Estos primeros migrantes eran principalmente árabes cristianos quienes encontraron en México y otros países católicos un mercado muy receptivo a sus mercancías. Colectivamente se les conocía como "turcos" ya que portaban documentos de identidad otomanos. Los hombres, quienes huían de una economía inestable e impuestos anuales y el nuevo deber de ser reclutados por el ejército otomano, generalmente emigraban primero, a menudo trabajando como vendedores ambulantes. Una vez establecidos sus negocios, traían a sus esposas, hijos, otros parientes y amigos para acompañarlos. No todos se quedaban y se establecían, pero aquellos que lo hacían, se adaptaban con relativa facilidad y al mismo tiempo mantenían un fuerte sentido de comunidad así como lazos comerciales con su patria.

---

[6] El nombre original era Khawandeh. La familia ya no vive en Belén aunque sus descendientes viven en México, Chile y otros puntos de Latinoamérica.

[7] La política oficial durante el mandato de Porfirio Díaz en México (1876-1911) promovía la ocupación de "tierra vacía" por "extranjeros blancos y productivos", lo que incluía migrantes de lugares en Medio Oriente tales como Líbano, Siria y Palestina. Los migrantes a México y Estados Unidos eran en su mayoría cristianos; Brasil, Argentina, Colombia y Venezuela recibieron también a grandes numeros de musulmanes. Los palestinos se establecieron principalmente en América Central, Perú, Chile y el Norte de México. La migración sigue hasta el día de hoy, aunque se ha reducido en números. Fuente: Pastor de Maria y Campos. Articulo web del simposio "Comunidades de Medio Oriente en Latinoamérica" del Center for Near Eastern Studies de la UCLA, Mayo del 2008.

Algunas otras familias que llegaron a México en esa misma época incluyen a familias libanesas cuyos descendientes, el magnate de las telecomunicaciones mexicanas Carlos Slim y el banquero Alfredo Harp Helú, se incorporaron a la élite económica de México.

Antigua casa de la familia Kabande en San Pedro de las Colonias, Coahuila, México. Fotografía tomada por Kathy Saade Kenny, 2003.

Al igual que lo que ocurrió con los Sa'ade, la experiencia de negocios y conexiones de los Kabande les permitían mudarse a otras tierras con relativa facilidad. Contaban con fuertes redes sociales para ampliar sus intereses comerciales y para hacer crecer la familia. Las familias a menudo fortalecían los lazos comerciales a través del matrimonio de sus hijos. Este ciertamente fue el caso de Katrina y Emilio.

A principios del siglo XX San Pedro era un pueblo de 7,000 residentes floreciente y sorprendentemente multicultural. La industria algodonera local, que exportaba sus productos a los Estados Unidos, mantenía tanto a la relativamente grande comunidad árabe así como a inmigrantes españoles, ingleses, chinos y filipinos, cuyos descendientes siguen viviendo allí hoy en día[8]. La casa de la familia Kabande era un edificio grande de ladrillo de estilo morisco que tenía gran parecido con la arquitectura de la campiña palestina. Varios edificios del mismo tipo y de la misma época aún pueden verse en San Pedro.

Para 1914 México estaba inmerso en su propia revolución. Francisco (Pancho) Villa y sus compañeros revolucionarios Álvaro Obregón y Venustiano Carranza lideraban la revuelta en contra del gobierno en el norte de México durante aquel violento período. El 13 de abril de 1914, unos meses antes de que Katrina llegara a San Pedro, el pueblo se convirtió en escenario de una sangrienta batalla en la cual Pancho Villa y sus fuerzas vencieron a la principal fuerza Federal que constaba de 6,000 hombres en el norte de México y ocuparon San Pedro. Esta batalla le aseguró a Villa y sus aliados una buena porción del norte del país. Fue uno de los momentos cruciales de la revolución mexicana que llegó a su fin en 1917 al ser adoptada una nueva constitución.

A pesar de la revuelta política, Katrina vivía con relativa comodidad en la grande y bulliciosa casa de la familia Kabande y rápidamente aprendió a hablar español. En las cintas grabadas, ella recuerda sus felices días en México, viviendo en una sociedad muy unida con su familia política y otros palestinos. *"Cuando estuve en México por primera vez… llegaban visitas de Belén y Jerusalén y disfrutaban de platicar con nosotros. También había gente de Ramala… Ellos se mantienen unidos. Se querían y se ayudaban mutuamente; cuando veían que alguien estaba necesitado, los cuidaban".* A un año de su matrimonio, en 1915, nació su hija Julia y menos de un año más tarde la pareja tuvo a Elena, su segunda hija.

---

[8] Los nombres familiares incluían Abada, Abdala, Dabdoub, Abusaid, Babu'n, Atki, Batarse, Marcos, Issa, Saca, Giaoman, Handal, Sadi, Kawavhc. Los Kabande ya no viven en San Pedro; la mayoría de sus descendientes viven en Mexicali, Tijuana, Monterrey y Guadalajara.

Copia de una fotografía de un periódico de un tren descarrilado durante la Revolución Mexicana, fecha desconocida. Museo de la Revolución, San Pedro de las Colonias, Coahuila, México.

Cuando Julia tenía 14 meses de edad, una tragedia cambió a su familia para siempre. El 19 de octubre de 1916, cuando regresaba de un viaje de compras para sus negocios que hizo a la Ciudad de México con sus hermanos, Emilio murió en un horrible accidente de tren cerca de Saltillo. Tenía 19 años. La causa del accidente está envuelta en un velo de leyendas familiares. Katrina siempre se lo atribuyó a Pancho Villa y sus bandas de rebeldes quienes tenían fama de descarrilar trenes para luego asaltar a los pasajeros y de esa manera reunir fondos para la revolución. Haya saboteado Pancho Villa el tren o no, Katrina se vio viuda con dos bebés a quienes cuidar y dependiente por completo de la bondad de la gran familia de Emilio. La pequeña Elena, quien siempre fue enfermiza, murió de gripe más o menos seis meses después de la muerte de Emilio.

Todo había cambiado: Katrina había perdido a su esposo y a su hija en un mismo año. Ella y Julia estaban viviendo en México sin ningún medio de subsistencia. Uno sólo puede imaginarse lo aterrador que debe haber sido para ella ser tan joven, tan vulnerable y encontrarse tan lejos de Belén y de la protección de la familia Sa'ade. Tenía 16 años.

Katrina y Julia, fecha desconocida. Colección personal de la autora.

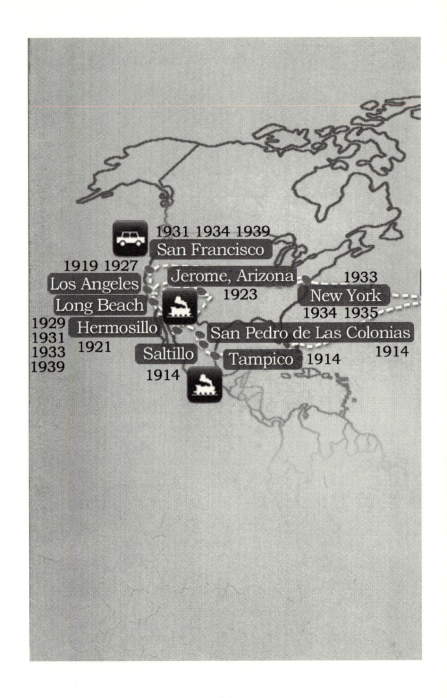

California en los años 20 y la Gran Depresión

Los Afana en su tienda de Long Beach, California, Bazar de la Ciudad Santa.
Fecha desconocida, probablemente antes de 1915. Colección personal de la autora.

Sus padres en Belén decidieron que Katrina debería de mudarse a Long Beach, California adonde su hermana mayor Jamileh y su esposo Jamil Jadallah Afana habían migrado unos años atrás. Desde el punto de vista de sus padres, era esencial que Katrina comenzara una nueva vida para mejorar sus posibilidades de volver a contraer matrimonio. Los Afana eran dueños del Holy City Bazaar (Bazar de la Ciudad Santa), una tienda grande en el Long Beach Pike (un famoso parque de atracciones local) que vendía artículos religiosos, ámbar ruso, alfombras y otros recuerdos de Tierra Santa.

Obra Maestra en Madreperla de los Hermanos Afana. Jamil Afana y Gabriel Afana en la Exposición Mundial de San Diego, CA 1916. Colección personal de la autora.

Katrina ayudaba a la familia trabajando en la tienda, donde también aprendió inglés siendo ésta la cuarta lengua que hablaba antes de cumplir los 20 años. "*¿Cuántas lenguas tengo? Tengo sirio o árabe, como se le llame. Ahora inglés, inglés y español chapurreados. Un poco de ruso pero olvidé mucho de lo que sabía. Aprendí a leerlo y a escribirlo pero ya no sé hacerlo para nada. El francés, bueno, nos lo daban en la escuela... aprendí a hablar un poco pero eso es todo".* Por el resto de su vida habló una encantadora mezcla de inglés con fuerte acento ruso, así como el árabe y el español.

Mientras vivía en Long Beach, también aprendió a tejer y a hacer crochet y estas habilidades habrían de serle muy útiles más tarde.

No mucho después de mudarse a California, Katrina conoció a Suleimán Jiryes Farhat. Suleimán, también conocido como Salomón o Sleiman, un joven guapetón de Ramala, era el tercer hijo y único varón de Jiryes Suleimán Farhat y Miriam Ya'qoub Ishaq el-Ghannam Farhat. Nacido en 1895, Suleimán era descendiente de Farhat el-Basl, una familia originaria de Ramala. Los Farhat eran campesinos que principalmente cultivaban olivos, uvas y otra fruta en su tierra cerca de Ramala. Según Henry Bond, "*Cultivaban casi todo lo que la familia necesitaba para vivir excepto la carne la cual compraban en mercados locales. La familia no tenía coche y caminaban o montaban en burro. Había un autobús que proveía de transporte de Ramala a Jerusalén*".

La casa de piedra de dos recámaras de los Farhat todavía está en pie en la calle Sayyidat al Bishara en Ramala. Como muchas casas del período, no tenía cañería interior. La familia dormía entre colchones y mantas que extendían en el piso por las noches y guardaban durante el día. Afuera había un horno grande para pan, recipientes para almacenar fruta seca y trigo y algunas cabras y burros.

La formación de Suleimán era muy diferente a la de su esposa. Aún cuando ambas familias provenían de un entorno rural y hablaban un dialecto campesino, los Sa'ade eran comerciantes establecidos cuando Katrina nació. Además ella también había estado expuesta a un modo de vida europeo debido a su migración a Rusia, lo que se notaba en los modales y la vestimenta de la familia Sa'ade (ver fotografía). Suleimán y sus padres eran campesinos fuertemente enraizados en la Ramala rural y apegados a su tierra y los olivos que cultivaban. En sus años mozos, el padre de Suleimán, Jiryes, trabajó como mampostero en Ramala y Jerusalén.

Miembros de las familias Farhat y Sa'ade en Palestina en 1923. Esta foto fue un obsequio de Abdullah a su yerno Suleimán por la ocasión del nacimiento de su hijo George. Sentados desde la izquierda: Miriam Isahaq Farhat, Issa Yacoub Farhat, Jiryes Suleimán Farhat, Miriam Sa'ade, Mary Karra'a, Abdullah Sa'ade. Al fondo de la izquierda: Zina Sa'ade, Mitri Sa'ade, Nussa Sa'ade, Ne'meh Sa'ade Karra'a, Anton Odeh Karra'a. Colección personal de la autora.

Cuando Katrina y Suleimán se conocieron en 1920, Suleimán llevaba varios años viviendo en Estados Unidos. Su primer trabajo fue como vendedor ambulante en Nueva York donde compraba sus mercancías a crédito de proveedores como la A. Shaheen Company que pertenecía a unos de los primeros inmigrantes palestinos de Ramala. La historia de Suleimán es la típica historia del árabe joven de aquellos tiempos, que llegaba sin nada a Estados Unidos y lograba sostenerse mientras viajaba de un lugar a otro vendiendo su mercancía mientras aprendía inglés. La política de migración de Estados Unidos lo hacía relativamente fácil- sin necesidad de visa ni pasaporte- sólo tenían que estar saludables y libres de tracoma, una enfermedad de los ojos sumamente contagiosa[9].

Katrina y Suleimán se casaron en Long Beach en agosto de 1921, unos cuantos días antes del vigésimo primer cumpleaños de ella. *"Lo conocí cuando vine a Long Beach... éramos del mismo país y pensamos que sería una buena idea casarnos. No fue un matrimonio arreglado".* Con Julia, que tenía seis años, se mudaron a México más tarde durante ese mismo año. *"Cuando me casé con Suleimán Farhat... no teníamos suficiente dinero. Así que dijimos: vámonos a México a ver si podemos hacer algo [ahí] y nos fuimos allá".* Muchos factores contribuyeron a su decisión indudablemente, pero el hecho de que Katrina hablaba español y sus lazos con familias comerciantes en México también influyeron. Su hijo, George (Jurgie) Suleimán Farhat nació el 22 de agosto de 1922 en Hermosillo, Sonora, México. Después de varios intentos fracasados de abrir negocios en el noreste de México y Baja California, la familia regresó al área de Los Ángeles donde probaron su suerte en otra ronda de negocios incluyendo una tienda de abarrotes. Tuvieron dos hijos más: Fred (Fuad) y Mary, quienes nacieron en 1926 y 1928 en el área de Los Ángeles.

---

[9] Azeez Shaheen, *Ramala, Su historia y su genealogía*, Universidad de Birzeit, 1982, pg. 30 (Texto en inglés).

De izquierda a derecha: Julia Kabande, Katrina [Sa'ade de] Farhat, Suleimán Farhat, George de bebé, 1922. Colección personal de la autora.

El dramatico desplome económico conocido como la Gran Depresión comenzó con la caída de la bolsa de valores en octubre de 1929 en los Estados Unidos y rápidamente se esparció al resto del mundo trayendo consigo cambios devastadores, desempleo masivo y revueltas sociales. Se prolongó a lo largo de toda la década de los 30. Fueron tiempos difíciles para todos y a Katrina y Suleimán les fue muy difícil mantener a su familia de seis personas. Hacia 1929 la familia se mudó a Jerome, Arizona, un próspero pueblo con una mina de cobre en el que había un gran número de inmigrantes. Abrieron una tienda de "todo a dólar" en Jerome donde los negocios fueron robustos hasta que la mina cerró, sin duda afectada por la Depresión. *"La mina dejó de funcionar así que todos los mexicanos se largaron para México. Así que si no había mexicanos no podíamos ganar lo suficiente para vivir".* Los Farhat se mudaron de nuevo a Los Ángeles, probaron otros negocios y al final se establecieron en South San Francisco, California en 1931 donde abrieron una tienda de variedades de "todo a cinco y diez" en la Grand Avenue en la que vendían ropa y enseres domésticos a trabajadores inmigrantes de México, Italia, Grecia y las Filipinas. El negocio rendía bastantes ganancias, a pesar de los difíciles tiempos económicos.

Sin duda Katrina aportó a su matrimonio considerable experiencia mercantil ya que había crecido en una familia de comerciantes. A lo largo de su matrimonio, Katrina y Suleimán fueron socios en los negocios y abrieron sinnúmero de tiendas juntos. Ella trabajaba en las tiendas todos los días al tiempo que cuidaba a sus hijos pequeños. Al hacer esto fusionó el rol tradicional de esposa y madre con el de una moderna mujer trabajadora quien se consideraba capaz e igual a su marido.

Regreso a Palestina

Katrina, 1933. Colección personal de la autora.

En su calidad de único hijo de los Farhat, Suleimán estaba constantemente bajo presión de parte de su familia quienes le pedían que regresara a Palestina. Comenzando con la primera carta, es claro que Suleimán siempre quiso regresar a Ramala y vivir el resto de sus días ahí, cuidar su tierra y abrir una tienda. Prácticamente todas las cartas de principios de la década de los 30 se refieren a transacciones monetarias & financieras. También dejan claro el hecho de que Suleimán le enviaba dinero a su padre Jiryes, que éste invertía, prestaba y usaba para comprar tierra en Ramala a nombre de Suleimán y de sus hijos.

En la primera carta de las conservadas por Katrina, escrita en 1925, Hilweh, su hermana viuda, le ruega que regrese a casa, *"Tu padre ha puesto el registro de la casa y la tierra a tu nombre... Deberías regresar a tu tierra y tu casa. Tu padre no está suficientemente bien para hacer el trabajo en la tierra y no puede cuidar los olivares".*

Las cartas también revelan la insatisfacción de Suleimán con su vida en América, sin duda aumentada por las dificultades económicas de la Gran Depresión que había alcanzado su peor momento en 1933. Las cartas de Suleimán a su familia en Ramala están llenas de añoranza por su tierra así como de consuelo a sus padres asegurándoles que regresará, llevando regalos para todos. *"La situación aquí ha sido terrible durante dos años y he pedido dinero prestado para mándarselo a la familia a casa y por esta razón no pude enviar regalos adecuados. Pronto, Dios mediante, estaré feliz de verlos y llevaré conmigo regalos y dinero y seremos felices juntos".*

Habiendo salido de Palestina hacía más de 15 años y habiendo establecido una vida para ella y su familia en América, Katrina no sentía gran entusiasmo por regresar. Pero aparentemente Suleimán la convenció de intentarlo. En mayo de 1933 mandó a Katrina y a sus tres hijos, Mary, Fred (Fuad) y George (Jurgie) a Ramala a vivir con sus padres. Julia, quien por aquel entonces ya era adolescente, se quedó en Long Beach con sus tíos para terminar la preparatoria y ayudar en la tienda, el Holy City Bazaar

Cuando Katrina y sus hijos se embarcaron rumbo a Haifa, Suleimán se quedó en South San Francisco para dirigir su negocio de textiles, cuidar su casa y continuar manteniendo económicamente a su familia. A través de su correspondencia se percibe que ella se fue con la esperanza de que si la mudanza a Palestina no resultaba, siempre podría regresar a California.

Por otro lado, Suleimán tenía mucho en juego, como se puede notar en su carta a su padre Jiryes con fecha del 6 de junio de 1933. *"Ahora le digo, mi querido padre, que la familia se va de aquí para estar con usted. Les ruego, madre y hermana, que la traten bien aún cuando sea una bola de fuego, tómenlo con calma porque las costumbres aquí son diferentes de las de nuestro país y ella está acostumbrada a los usos de este país. Por favor haga lo que pueda por no hacerla infeliz por el bien de los niños, mi padre. En cuanto me deshaga de la tienda, estaré con ustedes. Le he dado a Katrina algo de dinero con los boletos y otros gastos y el viaje me ha costado $2,000 dólares. Y ahora estoy nadando en deudas, Dios mejore mi situación. También tengo que decirle que se ha llevado un papel para preparar su retorno si no le gusta estar ahí. Y si sí regresa acabará conmigo. Y si lleva su caso al gobierno [el tribunal] yo perderé todo ya que en este país el juicio siempre está con las mujeres, aún si ella es culpable. Lo que necesito de usted, por lo tanto, es que contrate una sirvienta para ella si es necesario para mantenerla satisfecha hasta que yo regrese. Y después yo me encargaré de ella. Recuerde que si la trata bien, responderá mejor. No necesito explayarme más en esto ya que usted es el 'maestro de aquellos que saben'* [inta semilla 3afeen]".

Katrina regresó a una Palestina irreversiblemente distinta al país del que se fue en 1914. Un nuevo modelo económico estaba surgiendo bajo el mandato británico, trayendo consigo una gran prosperidad en tiempos de guerra gracias a las inversiones inglesas en la infraestructura palestina y emergía una creciente clase media. Al tiempo que la Depresión golpeaba los Estados Unidos, las condiciones económicas en Palestina parecían prósperas y comenzó a serles atractivo el regreso de América a muchos palestinos.

A su llegada a Palestina en junio de 1933, Katrina pasó a vivir con sus suegros en Ramala. Al poco tiempo, contrató a un maestro particular para ayudar a los niños a mejorar su árabe oral y a aprender escritura básica antes de que entraran a la escuela. Ella estudiaba con ellos y, por primera vez, aprendió a escribir en árabe[10]. Ese otoño inscribió a los niños en la Escuela Americana de los Amigos (American Friends School, una escuela fundada por un grupo de cuáqueros) en Ramala. Mary se quedaba en casa porque era muy pequeña y no había suficiente dinero para costear sus estudios, lo cual debe haber sido muy difícil para Katrina ya que ella valoraba enormemente la cultura.

Las cosas no fueron fáciles para Katrina en Ramala. En menos de dos meses después de su llegada, sus cartas a Suleimán se tornaron cada vez más desoladas. Hubo muchas razones para su tristeza. Nada de su pasado la había preparado para la vida rural y el trabajo manual de una familia de campesinos. Sus condiciones de vida eran rudimentarias; ella y sus tres hijos vivían con los padres de Suleimán en la casa de dos cuartos sin muchas comodidades. Esto distaba mucho del tipo de vida al que estaba acostumbrada. Y el dinero siempre era un problema. En cada carta a Suleimán, Katrina le rogaba que el enviara más dinero y le pedía -que entendiera su situación.

---

[10] La única educación formal que había recibido había sido en Rusia, pero probablemente leía y escribía un poco en español e inglés.

Esta carta fechada el 13 de octubre de 1933 ilustra lo desolada y lo desesperada que se sentía. *"Me escribes pidiéndome que pague todas las deudas que tiene tu padre. Mi querido primo [esposo][11]... tú sabes mejor que yo cuánto dinero me queda ya que de acuerdo a las costumbres de este país hemos comprado comida seca [muneh] para todo el año y además he pagado la escuela de los niños y sus demás gastos desde el día en que llegamos hasta hoy. El dinero se ha acabado... Cuando llegamos [al país] nuestro padrino Bulus vino a darnos la bienvenida y trajo un borrego con él [como regalo]. Le dije a tu padre, 'Tío, lleve este borrego y deposítelo con en carnicero para que tomemos nuestra carne de él conforme la necesitemos'. Tu padre llevó el borrego y lo vendió al carnicero por dinero y se lo puso en el bolsillo sin informarme. Cuando fui con el carnicero por la carne como habíamos acordado, el carnicero me dijo 'Su suegro me dio instrucciones de no darle ni media piastra de carne'. Regresé a casa con las manos vacías... Pero qué puedo hacer, estoy desamparada... My querido primo, yo vine aquí sin que me faltara nada. Todo este lío comenzó porque me negué a ir con ellos a recoger olivas de los campos. Mi primo, yo no tengo ninguna capacidad para cosechar olivas. Me quedé en casa para cocinar para ellos. Por esto [negarse a trabajar en los campos] empezaron a regañarme y causarme problemas. ¿Qué clase de vida es esta, mi querido primo? Una vida de abusos e insultos [sammit badan]. ¿Te parece que ésta sea una vida que valga la pena vivir? Estoy escribiendo esto y estoy temblando de ira de las indignidades que he sufrido de tu gente. En resumen, no me tratan como un miembro de la familia sino como un extraño viviendo entre ellos. Si te hubiesen tratado a ti de esta manera, ¿cómo te habrías sentido? Estoy segura de que tú nunca tolerarás este tipo de comportamiento. Me has puesto en un aprieto terrible [con tu familia]. Sólo Dios me puede ayudar".*

---

[11] En su correspondencia, Katrina y Suleimán se llaman "primo" el uno al otro, un término cariñoso.

A pesar de los ruegos de Suleimán hacia sus padres y su esposa para que se llevaran bien, la situación se deterioró a tal punto que Katrina comenzó a quedarse en Belén con sus hermanas para huir de la situación con su familia política y para obtener dinero para alimentar a sus hijos.

George Farhat, probablemente 1923 o 1924. Colección personal de la autora.

A Suleimán le preocupaba que Katrina se fuera de Palestina con sus hijos antes de que pudiera reunirse con ellos en Ramala. En esta carta sin fecha (probablemente octubre o noviembre de 1933), Suleimán le pide a su padre que le retire a ella los medios de escape. *"Ustedes me dicen, mis queridos padres, que Katrina no es feliz con ustedes y que quiere regresar a mí y que ustedes están haciendo todo lo posible por disuadirla... Esto es bueno... Yo estaría más contento si la hiciesen gastarse todo el dinero a su disposición y entonces le será imposible regresar. Hagan todo lo que puedan para gastar todo el dinero y que ella no pueda regresar. Mi amor y mis ojos—hagan posible que todo el dinero se consuma. Yo, por mi parte, procuraré no enviarle dinero. Si lo envío, se lo enviaré a nombre de ustedes. Y eso lo haré en secreto para que ella no sepa ni nadie lo sepa. Y entonces quizá, ella hará entrar razón en su cabeza".*

Es imposible reconstruir exactamente lo que fracasó entre Katrina y los Farhat, pero la desesperación por la falta de dinero fue una fuente constante de tensión. Por supuesto que también era un enfrentamiento de las diferencias en expectativas familiares aunado al choque entre modelos y papeles de género tradicionales y modernos. Finalmente fue el destino de los niños y la cuestión de si se criarían en Palestina como un apoyo futuro a su familia o si se criarían en América con su madre. Las cartas de Jiryes a Suleimán pintan una imagen de Katrina como una extraña quien se niega a aceptar su autoridad. Por su crianza, sus años en México y América como madre soltera y más tarde como socia de su esposo, el espíritu independiente de Katrina estaba en conflicto con las normas culturales y las expectativas respecto a las mujeres en la Palestina rural de 1933.

Tanto Katrina como su suegro Jiryes le escribieron muchas cartas a Suleimán durante este período. Estas cartas presentan imágenes muy contradictorias de lo que acontecía en Ramala. El 8 de noviembre de 1933 Katrina le escribió a Suleimán: *"Cuando llegué traía 50 libras [inglesas]. Compré muebles para la casa y comencé mi vida con seguridad y felicidad. Hace un mes, de repente, la situación empezó a cambiar. Compré provisiones para la casa- trigo y lentejas y cebollas y carbón, etc.- y las pusimos en el recipiente de la comida [khazine]. Aún el diezmo [impuesto del gobierno sobre tierras agrícolas] lo pagué de mi dinero. Hoy él [Jiryes] descubrió que ya no tengo dinero, cerró el almacén y se negó a darnos nada. Ahora estoy obligada a comprar el pan por hogaza... Mi primo Suleimán, necesito dinero desesperadamente, ya que tú sabes que los niños tienen sus necesidades, especialmente de comida... No puedo soportar esta vida en absoluto. O me envías dinero para que pueda vivir por mi propia cuenta o iré adonde estás tú... Siempre tuya, Katrina Farhat".*

Jiryes también le escribió a su hijo Suleimán culpando a Katrina por los problemas surgidos entre ellos: *"Te digo acerca de Katrina, la tratamos con el mejor de los tratos. Su salud es buena. No está haciendo comercio de su familia [ayudar] y si el niño quiere media piastra, lo manda con su abuelo... Dios te ayude con esta catástrofe. Por mucho que nos portemos bien con ella, no le importa. Esta semana armó un zafarrancho por algo que no es nada. Día y noche el diablo sale por sus ojos. No le importa nada esta familia ni ninguna otra familia... Todo el día cierra la puerta de su cuarto después de que termina sus lecciones y se va a la vecindad a exponernos y escandalizarnos. Cuídate de esta malvada mujer... Cuídate... Haz lo que sea necesario y regresa, Dios mediante. Envíame unas cuantas piastras para que la podamos mantener ocupada y para que podamos lidiar con esta catástrofe. Que Dios te proteja, Jiryes Suleimán Farhat".*

Fragmento de la carta de Katrina a Suleiman, 1933.

Los problemas entre Katrina y los Farhat se agravaron en una serie de escenas dramáticas narradas muy gráficamente en las cartas. A principios de 1934, Katrina vivía principalmente con la familia Sa'ade en Belén y hacía planes para regresar a California con sus tres hijos. Pero Suleimán y su familia tenían otras ideas. Hicieron todo lo que estaba en sus manos, incluso presentando una demanda de custodia a través del tribunal eclesiástico griego ortodoxo, para retener a los niños en Palestina. Los abuelos deben haberse dado cuenta de que su partida podía significar que Suleimán nunca regresaría a casa para cuidarlos a ellos y cuidar de su tierra. Por otro lado, si Katrina regresaba a los Estados Unidos, mucho del dinero que Suleimán y Katrina habían ganado no estaría disponible para las necesidades de los padres Farhat. Todos estos sentimientos se mezclaban hasta convertirse en ataques verbales y en ocasiones incluso físicos. Mary, quien para ese entonces tenía seis años, recuerda ataques violentos de parte de la hermana de Suleimán y Jiryes en contra de Katrina.

La escena más drástica ocurrió en febrero de 1934. Justo antes de que Katrina planeara su regreso secreto a América, llegó ella sin anunciarse a la casa de los Farhat en Ramala a recoger a sus hijos. Esta no era la primera vez que intentaba llevárselos y los Farhat habían hecho todo para alejarlos de ella. Mary recuerda que sus abuelos Farhat le decían que le iban a gastar una broma a su madre y que debía esconderse en el closet cuando su madre viniese a buscarla.

Ese último día se fue de Ramala con un solo niño - su hijo Fred (Fuad). Tal como Jiryes se lo contó a Suleimán, *"Dos días antes de su partida vino a Ramala en secreto. Fue a la escuela y secuestró al niñito (Fred) y se lo llevó a Belén y lo dejó ahí. Después regresó al pueblo con intenciones de llevarse a los otros. Cuando llegó a la puerta principal, salió del coche, entró a la casa, secuestró a la niña (Mary) mientras nadie estaba en la casa excepto la hijita de tu hermana Hilweh. La niña no pudo arrancar a Mary de su posesión y comenzó a gritar. Los vecinos oyeron los gritos y vinieron y liberaron a la niña de sus manos. Después ella (Katrina) regresó a Belén. Todo esto ocurrió en mi ausencia. Cuando regresé a casa y descubrí que había secuestrado al niño, corrí tras ella a Belén. Y cuando llegué a su casa, el niño me vio. Saltó y corrió hacia mí. Tomé las manos del niño y después ellos empezaron a correr detrás de mí. Luché contra ellos pero lograron quitarme al niño. Sus hermanos me golpearon y me humillaron... Presenté una petición al Departamento de Inmigración (para evitar que se fuera) pero ya había hecho ella todo el papeleo anteriormente. Y así pudo llevarse al niño (Fred). Se fue a América el viernes 17 de febrero sin saberlo nadie. Dios sabe cuánto gasté/perdí en este período. Y fracasé".*

A pesar de que Katrina tenía a Fred, no fue capaz de rescatar a Mary ni a George, quienes se quedaron en Ramala. Hay diferentes versiones acerca del por qué George no pudo ser encontrado ese día. Muchos años más tarde, le dijo a Henry Bond que sus abuelos lo mandaron lejos de la casa para que trabajase en el terreno de la familia, sin que se enterase de que el drama que le había de cambiar la vida se estaba desarrollando en esos momentos. También es posible que él quisiese quedarse en Palestina con sus abuelos. Por las razones que fuesen, ahora había mucho más en juego. Esta batalla había dejado de librarse por dinero o por papeles familiares y se había intensificado hasta convertirse en una batalla por los niños de esta despedazada familia.

Mary Farhat y Fred Farhat, 1933. Colección personal de la autora.

Después de vender sus joyas y de pedir dinero prestado para el pasaje, Katrina se fue de Palestina con el pequeño Fred en el SS Bremen que partió con rumbo a Nueva York el 23 de febrero de 1934. Es inimaginable lo doloroso que debe haber sido para Katrina el haber huido de Belén con uno solo de sus hijos, teniendo que dejar atrás a Mary y a George.

Después de que Katrina y Fred se fueron de Palestina, nadie le dijo a Mary lo que había pasado. Según Henry Bond, *"Extrañaba mucho a su madre... George hizo muchas cosas buenas para ella, incluso jugaba con ella, la llevaba a pasear en el burro por las laderas y a otras granjas, la consolaba cuando extrañaba a su madre o cuando se caía, le daba higos de la despensa... y así sucesivamente... Ella sabía que la habían separado de su madre".*

Katrina y Fred llegaron a Nueva York e hicieron el viaje a South San Francisco donde se encontró con que su esposo Suleimán estaba preparándose para regresar a Palestina. Deben haberse reconciliado por un tiempo, viviendo juntos en South San Francisco y trabajando en su tienda. Pero el abismo entre ellos era demasiado grande. Aún si Suleimán amaba a Katrina y a sus hijos, estaba empecinado en su deseo de vivir en Palestina. Katrina no estaba de acuerdo y quería educar a su familia en Estados Unidos.

Mary se quedó en Ramala con George y sus abuelos Farhat durante este período, hasta que Katrina prevaleció sobre Suleimán y logró que éste pagara para que la niña regresara a Estados Unidos. Con la ayuda de la Cruz Roja y una enfermera privada, Mary viajó por barco a Nueva York en el verano de 1935 donde Katrina la recibió cuando desembarcó. Mary, quien ahora anda en los ochenta y vive en Cody, Wyoming, tiene recuerdos vívidos del viaje y todavía posee la pequeña muñeca que fuera un regalo de la enfermera que la cuidó en el largo viaje por el Atlántico.

A pesar de los enormes esfuerzos de Katrina, su hija Julia, su familia en México y los Sa'ade en Belén, no pudo conseguir que George regresara a los Estados Unidos. La situación se complicaba porque él no era ciudadano americano[12]. Más de 30 de las cartas en árabe de principios de 1937 hasta la última fechada en 1939 cuentan la historia de sus infructuosos, y en ocasiones desesperados, esfuerzos por traerlo de vuelta. En una carta sin fecha de este período, Katrina buscaba la ayuda de sus hermanos Saleh y Nicola (Incula) Sa'ade quienes vivían en Saltillo, México en aquel entonces: *"Por favor háganme un gran favor e intenten preparar los papeles para mi hijo George (Jurgie) desde su lado. Entonces puedo solicitar su presencia, solicitar lo que indica que él ha nacido ahí, y que la partera testifique que él nació ahí y también el nombre de la partera para que pueda traer a George aquí. No he logrado traerlo porque no pudimos encontrar el nombre de la partera. Si pueden encontrar alguna forma de solucionar este problema, entonces traeré a Jurgie aquí. Si eso cuesta algún dinero, entonces lo pediré prestado para pagarlo. Si no me pueden ayudar, no tengo idea de lo que voy a hacer"*.

George permaneció en Palestina y asistió a la Escuela Americana de Amigos en Ramala hasta aproximadamente 1937. Vivió con los Farhat y a veces con los Sa'ade, trabajó la tierra de su familia por algún tiempo y después se alistó en el ejército británico a principios de la segunda guerra mundial. Luchó en África del Norte y Europa pero fue capturado por los alemanes en Grecia y pasó el resto de la guerra como prisionero. Con la ayuda de muchos de sus amigos y familia quienes respondieron por él y lo patrocinaron, le fue concedido permiso para volver a entrar a los Estado Unidos hacia 1946 cuando la guerra terminó. No había visto a su madre en más de 13 años.

---

[12] Su nacimiento en 1922 en Hermosillo, Sonora, México fue atendido por una partera y no hay ningún registro oficial del hecho.

El deseo de Suleimán de regresar a Palestina finalmente prevaleció. En el verano de 1935 atravesó los Estados Unidos hasta Nueva York y zarpó con rumbo a Palestina a finales de agosto en el SS Rex, un barco italiano. Como George Farhat le dijo a Henry Bond muchos años después, *"Mi papá en realidad no era un mal tipo. El viejo quería vivir en Palestina y mamá no"*. Antes de irse de California, Suleimán le dejó a Katrina una carta poder para que pudiese vender la propiedad que tenían mancomunada y liquidar sus bienes.

A través de las cartas conciliatorias que Suleimán envió durante su viaje, se puede percibir tanto la añoranza que sentía por su familia como la ferviente fe de que Katrina y los niños pronto lo alcanzarían en Palestina. Cuando escribió desde Ramala ese mismo año, parecía feliz de estar en casa y cautelosamente optimista acerca de una reunión: *"Amo nuestro país... el trabajo es mucho mejor que en América. Mi tierra es buena y nadie la está cuidando porque mi padre ya es muy viejo. Por favor, vende la casa y la tienda y todo cuanto poseemos y trae a los niños de inmediato... Si abrimos una tienda en Jerusalén, con el ingreso de la propiedad, podemos vivir bien. Comienza a vender todo en cuanto recibas esta misiva. También ten un pequeño libro con los nombres y direcciones de los mercaderes (quienes nos deben dinero)- podemos necesitarlos... Estoy preocupado por ti"*.

Suleimán llegó a Haifa en septiembre de 1935. Ya de vuelta en Palestina, siguió intentando convencer a Katrina de regresar con los niños. En una carta fechada en mayo de 1936 y dirigida a su suegro Abdullah Sa'ade, quien entonces se encontraba en México, Suleimán le ruega interceda por él: *"Después de que nos reconciliamos, di lo mejor de mí para convencerla de regresar conmigo. Se negó y se mantuvo en sus trece. Para no hacer el cuento largo, Mary llegó sola a*

Nueva York. Su madre fue a recibirla y cuando regresó a California yo salí a hacer unas ventas (como vendedor ambulante) hasta que llegué a Nueva York. Durante este período, le enviaba una carta cada dos o tres días. Y ella me contestaba. En cada lugar al que llegaba, le mandaba una carta y recibía una respuesta de ella felicitándome por mi salvo arribo. En otra carta hablé de mi padre (quien) se ha puesto muy viejo y que mi propiedad aquí rinde lo suficiente para mantenernos. Ninguna respuesta. Envié una segunda, tercera, cuarta, quinta y sexta carta sin recibir ninguna respuesta. Cuando vi cuál era la situación, tomé al mukhtar (de Ramala) y a algunos miembros de nuestra familia y fui a Belén y les dije (a los Sa'ade) lo que acontecía y les pedí que nos ayudaran a resolver este problema... Le pido a usted que nos haga un favor y haga lo más que pueda, mi querido tío, porque tenemos niños pequeños y es una lástima que sean humillados. Usted sabe que las mujeres carecen de intelecto y religión y espero que usted haga todo cuanto pueda. Estoy esperando su respuesta impacientemente. Su yerno, Suleimán Jiryes Farhat".

Para finales de 1936, Suleimán parecía haberse resignado y haber perdido toda esperanza de reconciliación. Inició el proceso de divorcio con el tribunal eclesiástico ortodoxo. El siguiente anuncio fue publicado en el periódico Filastin el primero de octubre de 1936: *"El patriarcado ortodoxo griego, por el tribunal eclesiástico de Jerusalén... solicita la presencia de Katrina, hija de Abdullah Mikha'in Sa'ade de Belén y quien ahora vive en América para que comparezca en persona o a través de un representante legal como defensor en el caso que entabla contra ella su esposo Suleimán, hijo de Jiryes Farhat de Ramala solicitándole el divorcio... que será el martes primero de diciembre de 1936, gregoriano, a las 9:00 horas. De no comparecer, el tribunal tomará una decisión* <u>in absentia</u>*. El presente anuncio será publicado tres veces en Palestina comenzando el 29 de octubre de 1936. Firmado por el obispo Teodosio".*

Aún cuando Katrina y su familia trabajaron activamente para detener el divorcio y defender su reputación, éste fue concedido por la iglesia el 2 de marzo de 1937. En una carta al patriarca de Jerusalén, Katrina escribió, *"Estoy aturdida y dolida. No puedo creer que esto me esté sucediendo a mí... ¿Acaso somos las mujeres como ropa vieja, en cuanto un hombre decide quitarse la ropa y ponerse un traje nuevo"?* Suleimán volvió a contraer nupcias al poco tiempo de su divorcio. Con su nueva esposa tuvo cuatro hijos y finalmente alcanzó su sueño de vivir con su familia en Palestina. Regresó temporalmente a los Estados Unidos durante la segunda guerra mundial y después en 1969, para visitar a sus hijos George y Fred. Nunca volvió a ver a su hija Mary. Suleimán falleció en Ramala en 1984.

Vida independiente en California

La familia de Katrina reunida en Long Beach, 1946. Izq a dcha: George Farhat, Julia Kabande, Katrina (Katherine) Farhat, Fred Farhat, Mary Farhat. Colección personal de la autora.

Una vez más, el mundo de Katrina había cambiado. Repentinamente soltera a los 37 años, enfrentaba un futuro incierto cuidando de sus dos hijos sin la red de apoyo que existe hoy día de pensiones alimenticias o manutención de niños. Recurrió a su hija Julia, quien ya tenía 22 años, y con su ayuda comenzó a forjarse una vida en California.

Katrina regresó a sus raíces comerciantes. Vendió el negocio de variedades en South San Francisco así como otros bienes que ella y Suleimán habían acumulado. Con un préstamo de una familia para la que trabajaba Julia, abrió su propia tienda de ropa para damas y niños en la Grand Avenue de South San Francisco. Ella misma fabricaba parte de la ropa que vendía. La ropa de bebé de punto y ganchillo que hacia era tan popular que también se la vendía a varios almacenes. Inicialmente ella y los niños vivían en un departamento detrás de la tienda pero pronto tuvo la posibilidad de comprarse una pequeña casa cerca de la tienda.

La familia siguió viviendo en South San Francisco hasta el verano de 1939 cuando Katrina vendió su negocio y se mudó con Julia, Fred y Mary a Long Beach, California. Con los ahorros de toda su vida compró un edificio comercial de dos pisos en las afueras del centro de la ciudad que tenía un gran local abajo y departamentos y cuartos de alquiler arriba. A un lado de la propiedad había dos edificios adicionales con seis departamentos. Las rentas mantenían a la familia y, hacia 1942, Katrina pudo comprase una casa de tres dormitorios donde sus hijos finalmente se reunieron. Julia y Mary vivieron con ella hasta que se casaron. Fred vivió ahí hasta que se unió al cuerpo marino mientas que George se reunió con ella en Long Beach a su tan esperado retorno después de la segunda guerra mundial.

Katrina permaneció en su hogar en Long Beach por cerca de cincuenta años. Aunque su vida temprana estuvo formada por repetidas migraciones y situaciones que estaban fuera de su control, ella trascendió estas dificultades y emergió como una mujer independiente. Murió en 1989 a la edad de ochenta y nueve.

Katrina Sa'ade de Farhat y Kathy Saade Kenny, hacia 1950, Long Beach, CA, EUA. Colección personal de la autora.

About the Author
Acerca de la Autora

Kathy Saade Kenny is the former President of the Arab Film Festival in San Francisco. She divides her time between Oakland, California and Mexico. This book is part of her ongoing research on the life of Katrina Sa'ade and her family.

Kathy Saade Kenny es ex presidenta del Festival de Cine Árabe en San Francisco. Divide su tiempo entre Oakland, California y México. Este libro es parte de su investigación acerca de la vida de Katrina Sa'ade y su familia.

Made in the USA
Middletown, DE
17 October 2021

50087534R00071